校园辅导员工作丛书

U0577206

如何进行中小学团体心理辅导

本书编写组◎编

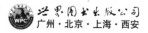

世界图书出版公司
广州·北京·上海·西安

图书在版编目（CIP）数据

如何进行中小学团体心理辅导／《如何进行中小学
团体心理辅导》编写组编．—广州：广东世界图书出版
公司，2011.3（2024.2 重印）
　ISBN 978－7－5100－3350－6

　Ⅰ．①如… Ⅱ．①如… Ⅲ．①中小学－教育心理辅导
Ⅳ．①G448

中国版本图书馆 CIP 数据核字（2011）第 036091 号

书　　　名	如何进行中小学团体心理辅导	
	RU HE JIN XING ZHONG XIAO XUE TUAN TI XIN LI FU DAO	
编　　　者	《如何进行中小学团体心理辅导》编委会	
责 任 编 辑	冯彦庄	
装 帧 设 计	三棵树设计工作组	
出 版 发 行	世界图书出版有限公司　世界图书出版广东有限公司	
地　　　址	广州市海珠区新港西路大江冲 25 号	
邮　　　编	510300	
电　　　话	020-84452179	
网　　　址	http://www.gdst.com.cn	
邮　　　箱	wpc_gdst@163.com	
经　　　销	新华书店	
印　　　刷	唐山富达印务有限公司	
开　　　本	787mm×1092mm　1/16	
印　　　张	12	
字　　　数	160 千字	
版　　　次	2011 年 3 月第 1 版　2024 年 2 月第 3 次印刷	
国 际 书 号	ISBN　978-7-5100-3350-6	
定　　　价	59.80 元	

版权所有　翻印必究
（如有印装错误，请与出版社联系）

"校园辅导员工作"丛书编委会

主 编

王利群　　解放军装甲兵工程学院心理学教授
周作宇　　北京师范大学教授、教育学部部长

编 委

马世晔　　中华人民共和国教育部考试中心
殷小川　　首都体育学院心理教研室教授
肖海雁　　山西大同大学心理系主任，教授
李功毅　　《中国教育报》副总编
王增昌　　《中国教育报》高级编辑
张彦杰　　北京市教育考试院
魏　红　　北京师范大学教务处
刘永明　　北京师范大学继续教育与教师培训学院 副研究员
刘艳茹　　北京市顺义区教育研究考试中心，中学高级教师
刘维良　　北京教育学院教育学教授
杨树山　　中国教师研修网执行总编
张兴成　　西南大学（原西南师范大学）副教授
南秀全　　湖北黄冈特级教师
方　圆　　北京光辉书苑教育研究中心研究员

序　言

学生就像一颗小树苗，他的成长需要有人去全面周到地悉心照料。只有这样，才能挺拔健壮地向上生长。一个孩子如果在成长期间不加以扶植培养，就避免不了的会迷失方向、扭曲变形。所以，对学生，尤其是世界观、价值观并没有完全良好建立的青少年来说，是万万不能离开教师的辅导工作的。

辅导工作是教师针对学生出现的学习和生活中的问题所开展的干预和矫正工作。一个学生如果只有优异的成绩，但是思想、认知、生活能力和社会能力很差的话，他也不可能在这个社会上立足，至少不能称其为完善的人。现在的社会需要全面发展的人，我们教育的目的，也是要教育出高素质、高能力的人，所以，辅导员的角色尤其重要。

校园辅导员的工作主要分为心理辅导和学习辅导两大类。

心理辅导是指辅导员与受辅导学生之间建立一种具有咨询功能的融洽关系，以帮助学生正确认识自己，接纳自己，进而欣赏自己，并克服成长中的障碍，改变自己的不良意识和倾向，充分发挥个人潜能，迈向自我现实的过程。过去，心理辅导的工作一般由班主任来实行，现在由于教育改革的不断深入和教育思想的不断提升，许多学校还配置了专门的心理辅导室和专职的心理辅导教师。心理辅导工作逐步迈向科学化、系统化。

学习辅导是教师对学生学习方面实施的辅导，包括学习态度、学习能力和学习方法等内容。学习是学生平时在学校最主要的活动，同样是学校的重点任务。我们看到，学习辅导从过去的传授知识到现在的能力培养，有了一个很大的提升。所谓授之以鱼不如授之以渔，学生通过学习辅导，得到的是能力上的收获。同样，这个转变也是对教师的一个很大的考验。

为了帮助广大辅导员提高，我们特组织编写了"校园辅导员工作"系列丛书，旨在为辅导员提供一些理论知识，并解决他们在工作中遇到的问题，更好的开展辅导工作。本丛书包括：《小学心理辅导教师工作指南》《中学心理辅导教师工作指南》《如何进行中小学团体心理辅导》《教师如何帮助孩子走出厌学的误区》《教师如何帮助学生预防和矫治学习困难》《教师如何帮助孩子爱上学习》。其中前三本是心理辅导的内容，系统讲解中小学心理辅导，并将现在很热门的团体心理辅导单列成册，希望能对各位辅导员有所帮助。后三本是学习辅导的内容，主要就学生遇到的主要学习障碍与学习问题，进行讲解，使得辅导员的辅导工作能够更加有的放矢。

本丛书的特色主要是将理论与案例很好地结合在一起，使得知识理解起来没有那么枯燥，在内容上又能完全符合新课程改革的需要。本套丛书可以作为广大辅导员进行集中培训的教材，也可作为各位老师自行阅读的读物。

由于辅导工作仍处于不断发展中，再加上我们的视角有限，不可能全面概括和解决所有问题。所以在编写的过程中难免出现错误，我们希望广大教师、专家、学者在阅读中发现问题，及时告诉我们，我们将努力改正，不胜感谢。

前　言

有数据显示，我国中小学生中存在一定程度心理问题的学生占 30% 以上，这就对开展中小学生心理健康教育提出了迫切的需求。然而，传统的班级心理健康教育和针对学生个体的心理辅导，分别存在着针对性不强和效率不高的问题。而运用团体心理辅导的方法来开展对中小学生的心理健康教育，则是一条不错的途径。

20 世纪 90 年代初，团体心理辅导传入我国大陆，它是在团体情境中提供心理帮助与指导的一种心理咨询与治疗的形式，是一种预防性、发展性的工作。实践证明，团体心理辅导可以促进中小学生的人格成长，增进心理健康。与个体心理辅导相比，团体心理辅导拥有更高的效率和更好的辅导效果，符合中小学生心理健康教育的迫切需要，也更能体现中小学生素质教育的内在要求。

所谓团体心理辅导，就是在团体情境下进行的一种心理辅导形式，是对两个人以上的集体辅导。它通过特定的情景，让孩子们扮演不同的角色把心理问题表演出来，然后集体讨论，经过心理辅导教师的引导，最终得出结论，可以让学生在团体中彼此深入了解。在交流中，学生可以互相观察、学习、体验，从而认识自我、探讨自我、接纳自我，调整、改善与他人的关系，将心理问题扼杀在萌芽中，从而为他们提供一个良好的成长环境；同时可在团体心理训练过程中学到解决问题的方法，学习其他同学的长处。在中小学开展团体心理辅导，对发挥学生的主体作用、增强其心理素质、促进整个素质教育都有帮助，是一种值得推广和学习的心理辅导途径。

目前，我国中小学团体心理辅导的实践和理论存在着较大的差异。一方面是团体心理辅导的人数规模过大。实际上，团体心理辅导与班级辅导是有区别的，明显的差别就是人数。它不是以自然班级为单位的，而是以共性问题为单位。团体心理辅导理论上是指对 2～12 名学生共同进行的心理辅导，一般都是 5～10 人。而全班四五十名学生一起上心理辅导课，哪怕是以讨论的方式进行，也难以取得良好的效果。

另一方面，从事团体心理辅导的指导者，也就是中小学团体心理辅导教师缺乏相应的团体心理辅导知识和技能，影响了团体心理辅导的效果。也正是基于这两方面的原因，我们组织编写了这本指导教师开展中小学团体心理辅导的图书，希望能够对从事团体心理辅导的中小学教师有所帮助。

本书的编写，参考了许多专家和一线辅导教师的作品，在这里致以诚挚的感谢。由于篇幅有限，本书未收录具体的团体心理辅导案例，有这方面需求的读者，可以参考其他书籍。另外，本书尚有许多错误和不足之处，还望专家读者不吝指正。

Contents 目录

第一章　中小学团体心理辅导概述

团体心理辅导作为心理辅导的一种形式产生于 20 世纪初，当时只有少数精神病学家和心理学家在临床上进行探索。第二次世界大战期间，这种心理辅导的形式开始应用于青少年的教育与成长，并在欧美等西方各国得到迅速的普及与发展。亚洲于 20 世纪 60～70 年代初把团体心理辅导引进学校，此后在我国港澳台地区得到较好的应用与发展。

我国大陆从 20 世纪 90 年代引进团体心理辅导并逐渐受到许多心理学者和中小学心理健康教育工作者的关注。

第一节　团体与团体心理辅导

团体心理辅导探讨的是在团体情境中的心理辅导过程。因此，在我们对团体心理辅导展开探讨之前，了解团体的概念、特征、分类、功能等知识，对于我们学习团体心理辅导具有很大的帮助。

一、团体的定义

人是社会性的动物，我们总是生活在一定的团体中，受团体的影响，也不同程度地影响着团体的发展。关于什么是团体，不同的学者有不同的看法。美国组织行为学家贝尔斯认为：小团体是指一群人在一连串的聚会中面对面地互动，在互动中获得对成员彼此的印象，并能在以后的聚会中向对方作出适当的反应。我国学者程正方认为：团体是通过人们彼此之间相互交往、相互联系、相互影响而形成的为达到共同的目标，满足共同的需要，以一定的社会活动方式和一定的社会规范联系在一起的一种组织的集体形态。

从上面的论述中我们可以看出，构成团体的首要条件是要有两个或两个以上的人，其次，构成团体的成员要互相交往、互相影响，同时构成团体的成员还要有相同的活动方式和共同的行为目标。

二、团体的特征

1. 团体具有互动性

团体成员之间通过交流和互动，在心理上和行为上相互影响。团体成员组成团体的出发点在于，成员之间可以进行交流和互动，从而消除个体的孤独感。而成员之间通过交流和互动，可以达到相互影响的效果。通过相互影响，团体成员能够使团体向着共同的目标发展。

2. 团体具有组织性

团体一般会赋予成员不同的角色，而成员们根据自己在团体中的角色承担自己的责任和享有相应的权利，共同推动团体的发展。团体中的成员在活动时要遵循一定的规范，根据团体的规则行事。团体中的规则或者行为规范是维护团体利益和实现团体目标的基础和保障。

3. 团体成员有共同目标

团体成员有共同的需求，并依此确定团体目标。团体成员组成团体的目的就在于他们有某种共同的需求或共同的理念。在团体成员组成团体后，他们会根据大家的愿望制订能够满足共同需求的团体发展目标，并为实现该目标而共同奋斗。

4. 团体成员具有归属感

团体成员对团体有认同感，知道自己是团体中的一员，应该和团体的其他成员共同努力去实现团体的目标。同时，团体成员在团体中能够感觉到自己被团体接纳、自己在团体中有价值、自己属于这个团体。

5. 团体是变化发展的

团体不是一成不变的，它是变化发展的。一个团体从产生到消亡要经历不同的阶段，处于不同阶段的团体，其特点和性质是有所区别的。团体具有不断变化发展的特性。

三、团体的分类

从不同的角度，团体可以有不同的分类。下面是一些常用的团体分类：

1. 正式团体和非正式团体

这是根据构成团体的原则、方式和团体结构的不同划分的。正式团体是由组织正式设立并有明文规定的一种有固定编制、明确的职责权限、完备的规章制度、领导者和确定的上下级关系的团体，如学校的班级、工厂的车间等；非正式团体是人们在相互交往中自发形成的、没有正式组织程序和明文规定的团体，如一个班级里几个要好同学结成的小团体。

2. 实际团体和假设团体

这是根据团体是否实际存在来划分的。实际团体是指实际存在的团体，团体成员之间有直接或间接的联系；假设团体也叫统计团体，是为了进行某项研究而划分出来的团体。

3. 固定团体和临时团体

这是以团体的任务和团体存在的时间久暂划分的。固定性团体是长期存在的一种较为稳定的组织形态，其组织形态、团体结构相对稳定，一般多指正式团体；临时性团体是指为完成某一临时任务而形成的团体，任务一旦完成，活动宣告结束，团体自行解散。

四、团体的功能

根据有关团体研究的社会心理学文献，一般来说可以将团体的功能分为以下四个方面：

1. 组织功能。主要表现在承担社会分工和组织指挥成员活动两个方面。

2. 激励功能。团体对于个体的行为、工作和创造，具有激励和促进的作用。

3. 协调功能。团体能够协调团体成员的人际关系，促进团体成员人际关系的发展。

4. 教育功能。首先，社会组织可以通过各种团体，对成员进行有关规范和制度的教育；其次，团体成员之间可以相互学习、取长补短，在知识、能力等方面得到提高；最后，团体本身就是一种教育手段。

五、团体心理辅导的概念

下列几种定义分别代表了不同地区的学者对于团体心理辅导的理解。

台湾学者徐西森认为：团体心理辅导是指运用团体动力学的原理，由受过专业训练的领导者，通过专业的技巧与方法，协助成员获得有关的信息，以建立正确的认知观念与健康的态度行为。简言之，团体心理辅导是由一位辅导员同时对多位受辅者辅导，它近似于团体咨询，有别于团体心理治疗、团体访谈、团体会议。

我国心理学家刘勇认为：团体心理辅导又称为团体心理咨询，是相对一对一的个别心理辅导而言的。它是一种在团体情境下提供心理援助与指导的咨询形式，由领导者根据成员问题的相似性组成课题小组或成员自发组成课题小组，通过共同商讨、训练、引导，解决成员共同的发展问题或共有的心理问题。

清华大学的樊富珉认为：团体咨询是在团体情境下进行的一种心理咨询形式，它是通过团体内人际交互作用，促使个体在交往中通过观察、学习、体验，认识自我、探讨自我、接纳自我，调整改善与他人的关系，学习新的态度与行为方式，以发展良好适应的助人过程。

从上述的定义中，我们可以发现，学者们对于团体心理辅导的具体概念虽然有各不相同的理解，但是从本质上看，又体现出了以下共同点：团体心理辅导必须是在团体的情境下进行的；团体心理辅导必须有领导者，而且领导者必须是受过专业训练的；团体领导者依赖团体动力，借助各种领导的技术对团体进行领导；团体成员在团体中解决相同或类似的心理问题或发展问题。

六、团体心理辅导的特征

团体心理辅导具有以下特征：

1. 专业性。团体心理辅导的领导者须受过团体动力学及其相关学科的专业训练，且运用专业的方法与技术来领导成员。

2. 开放性。团体心理辅导透过开放性的情境来引导成员获得内在需求的满足与外在信息的充实。

3. 互动性。团体内的成员产生交互作用，彼此的认知、态度与经验互相影响。

4. 目标性。基本上，团体心理辅导有其教育性的目标，通过团体心理辅导来协助成员获得正确的信息，以建立正向的认知、态度与行为。

5. 一致性。团体成员虽然需要领导者的带领、引导，方能达成其目标，但前提是领导者与成员、成员与成员之间都必须有其一致性的认识。

6. 结构性。团体心理辅导从工作准备、团体形成到过程运作乃至成效评估都有其一定的方法、技术与设计。

七、团体心理辅导的作用

美国著名咨询心理学家卡普兹和克里在他们的《20世纪90年代心理咨询展望》一书中，描述团体心理辅导的重要作用体现在八个方面：第一，在团体中发展信任的气氛以促进彼此态度和情感的分享，并能将这种信任应用到日常生活中；第二，增进自我接纳和自我尊重；第三，澄清生命的价值并探索人生的哲学；第四，能容忍他人并能接受和尊重不同的个体；第五，学会解决问题和正确决策的技巧，并坦然接受这些决定的后果；第六，能敏锐地感知他人的需要；第七，增加关心他人的能力；第八，学会将团体中学习到的经验运用到自己的日常生活之中。

许多学者支持团体心理辅导的方法，其原因在于，团体心理辅导具有其他类型辅导所没有的优点。樊富珉认为，团体心理辅导具有四个优点：团体心理辅导感染力强，影响广泛；团体心理辅导效率高，省时省力；团体心理辅导效果容易巩固；特别适用于需要改善人际关系的人。

第二节　中小学团体心理辅导

　　国内外的学者们几乎都没有提到过中小学团体心理辅导的概念，虽然他们中的很多人实际上都对中小学生的团体心理辅导工作进行过研究和探讨，但是他们都把中小学团体心理辅导当作是团体心理辅导的一般部分，不加区别地进行讨论。

　　这种讨论存在的一个问题就是没有针对性，广大中小学的心理辅导课程教师在采用他们的方法时，没有办法获得更详细的指导和更有针对性的建议。因此，我们有必要专门就中小学团体心理辅导的概念、特点和功能进行讨论。

一、中小学团体心理辅导的概念

　　由于学者中很少有人对中小学生的团体心理辅导展开专门的论述，因此中小学团体心理辅导也就没有现成的概念。综合各方面的材料，我们可以对中小学团体心理辅导的概念范围大体做一个界定。

　　中小学团体心理辅导从本质上说也是一种团体心理辅导。中小学团体心理辅导所针对的目标群体是中小学生，而团体心理辅导所针对的目标群体则是所有适合接受团体心理辅导的人群。因此，从本质上说，中小学团体心理辅导是团体心理辅导中的一种类型，也应该算是团体心理辅导。

　　中小学团体心理辅导仍需要采用团体心理辅导的原理和方法。中小学团体心理辅导属于团体心理辅导的本质决定了中小学团体心理辅导也必须是以团体形式进行辅导，并充分利用团体动力学等原理，使用团体心理辅导的方法来推动团体的发展，促进学生的成长。

中小学团体心理辅导具有其独特性。中小学团体心理辅导虽然在本质上属于团体心理辅导，但是它所面对的对象毕竟只局限于中小学生，因此它也具有一些特殊性。我们在强调其共性的时候，同样不能忽略其特殊性，否则就无法探索出有针对性的方法。

综上所述，我们将中小学团体心理辅导定义为：受过专业训练的中小学心理健康教育教师遵照团体动力学和群体心理学等原理，运用团体心理辅导的技巧，指导学生（通常属于同一个班级）以团体的形式进行活动，以解决学生可能存在的问题，促进学生共同成长，最终实现学校的心理健康教育目标。

二、中小学团体心理辅导的特点

中小学团体心理辅导不仅具有团体心理辅导的普遍特点，更具有其特殊性。

1. 中小学团体心理辅导的对象是中小学生

中小学团体心理辅导是以中小学生为对象的团体心理辅导，因此在组织的过程中，应该充分考虑中小学生的特点。在我国现阶段，中小学大部分都是以班级为单位进行教学，心理健康教育教师在组织团体心理辅导课程时，往往也只能以班级为单位。只有在比较特殊的情况下，才会考虑由不同班级或年级的学生进行随机组合。

2. 中小学团体心理辅导的目标与学校心理健康教育的目标一致

在我国的中小学中，学校心理健康教育课程和团体心理辅导在实际的操作中往往没有明显的区别，很多学校的心理健康教育教师在他们的课程中，既安排了心理健康教育的课程，又安排了团体心理辅导的课程。因此，虽然对心理健康教育课程和团体心理辅导有一定的区别，但两者的目标却是一致的，都是为学校心理健康教育目标服务的。

3. 中小学团体心理辅导更强调持续发展

在我国的中小学中，由于师资力量有限，很多学校可能都只配备一名团体心理辅导课程教师。这就意味着，同一名教师可能要陪伴学生们走过三年甚至是六年的学习生涯，并不间断地对学生们进行团体心理辅导。

这就与一般意义上的团体心理辅导有较大的区别，一般意义上的团体心理辅导往往都是为了解决某一共同问题而组织起来的短期团体，团体维持的时间短，在问题解决后就结束了。因此，一般团体的领导者只需要将注意力集中在当前所要解决的问题上就可以了。而且由于团体都是短期的，且参加者都不一样，有些活动或者游戏就可以重复利用。

对于中小学团体心理辅导教师来说，团体心理辅导却是一个持续发展的过程。他们需要根据学生在某一阶段的身心发展特点来设计团体心理辅导的目标，以符合学生身心发展的规律，并力图使团体心理辅导持续地循序渐进地对学生产生积极影响，促进学生不断成长。

对于学校团体心理辅导教师来说，他们所要面对的一个大挑战是需要根据学生的年龄和身心发展特点来设计不同的团体心理辅导或者游戏，而且不能够重复。

4. 中小学团体心理辅导更具有成效

一般的团体心理辅导往往是为某一目标而进行的，时间一般都比较短，在这样的情况下，团体心理辅导的效果经常是有限的。中小学团体心理辅导是一个持续的过程，可能要持续好几年的时间，而且学生们都来自同一班级，平时朝夕相处，有很好的感情基础。因此，只要领导者领导得当，那么中小学团体心理辅导的效果就能够达到一般团体心理辅导所不能达到的高度。

三、中小学团体心理辅导的功能

中小学团体心理辅导的功能与一般团体心理辅导的功能并无本质的区别，但是中小学团体心理辅导的功能在侧重点上却与一般团体心理辅导有所不同。

1. 中小学团体心理辅导的基本功能

中小学团体心理辅导的基本功能，按照其重要性依次可以分为发展功能、教育功能、预防功能和治疗功能。

（1）发展功能。团体心理辅导强调发展的模式，试图帮助辅导对象得到充分发展，扫除其正常成长过程中的障碍。团体方式的活动，不但可提供成员必要的资料，改进其不成熟的偏差态度与行为，而且能促进其良好的发展与心理成熟，可以培养成员健全的人格及协调的人际关系。

中小学团体心理辅导的对象是中小学生，这就决定了中小学团体心理辅导最重要的功能应该是发展功能。中小学生的一个重要特点就是他们正处于一个不断变化发展的阶段中，团体心理辅导要想达到良好的效果，就应该以促进学生的发展为最主要的功能，帮助学生不断地发展和成长。

（2）教育功能。团体心理辅导的过程被认为是一个通过成员相互作用，来协助他们增进自我了解、自我抉择、自我发展，进而自我实现的一个学习过程。团体心理辅导的过程还有助于培养成员的社会性，学习社会规范、适应社会生活的态度与习惯，以及互相尊重、互相了解、少数服从多数的民主作风，促进成员全面发展。

学校是教育机构，应该对中小学生进行教育，中小学团体心理辅导的教育功能应该体现在为学生提供一个实践和修正他们受教育成果（主要指德育方面）的机会，让他们对所受教育的内容有更深刻的理解和体验。

（3）预防功能。团体心理辅导是预防问题发生的最佳策略。通过团体心理辅导，成员对自己有更多的了解，懂得了什么是适应行为，什么是不适应行为。中小学团体心理辅导具有预防的功能，毕竟中小学生在成长的过程中有可能遇到各种困难，有产生各种问题的可能。团体心理辅导提供了更多的机会，让成员之间彼此交换意见，互诉心声，研讨以后可能遇到的难题及可行的解决办法，增强处理问题的能力，这可以预防心理问题的发生或降低心理问题发生的概率。

（4）治疗功能。在团体方式下，由于治疗的情境比较接近日常生活与现实状况，以此处理情绪困扰与心理偏差行为，易收到效果。但是对于中小学团体心理辅导来说，中小学生产生严重心理问题的情况非常少，如果有也可以通过个别咨询和治疗的方式来解决。因此，中小学团体心理辅导的治疗功能不是中小学团体心理辅导的主要功能。

2. 中小学团体心理辅导的具体功能

从中小学团体心理辅导的具体功能上看，学校团体心理辅导具有十二个具体的功能：

（1）让学生了解、体验到自己是被其他学生支持的，以获得公德心和增强自信心；

（2）让每一个学生能够从与别人的相互关系中找出自己的利益，让学生可以得到单独与咨询员接触所不能得到的利益；

（3）鉴别需要特别予以援助的学生；

（4）增加个别的咨询，团体的经验可以提高辅导的需求，达到更好的成熟；

（5）有益于发展社会性，团体中所获得的社会化经验可以促进学习与改进行为；

（6）可以提供治疗效果、洞察以及更好的适应；

（7）使咨询员可以与更多的学生接触，这种接触可以帮助学生克服胆怯，减轻压迫感，改善自己的态度；

（8）使学生获得安全感，增强自信心；

（9）提供接近咨询员的机会和求助动机；

（10）综合各种教育经验以获得最大的利益，经过团体讨论使方法明确化后，将有助于学生对学校的各项活动感到有意义，能够认识更和谐的关系；

（11）释放学生的紧张和不安；

（12）咨询员和教师的工作将更加有效。

中小学团体心理辅导从本质上说，应该隶属于学校心理健康教育，因此中小学团体心理辅导的目标也应该与学校心理健康教育的总体目标相同。中小学团体心理辅导的目标应该根据学校心理健康教育的目标来制订，并利用团体心理辅导的优势来完成学校心理健康教育目标中某些其他方法较难实现的子目标。

第三节　团体心理辅导的发展历程

对团体心理辅导发展脉络的了解，将有助于我们探讨如何更好地将团体心理辅导的技术运用到班队工作、教学工作、学业辅导、家长教育、教师培训、学校管理等问题上。

一、团体心理辅导的出现

团体心理辅导最早出现于19世纪中期的英国，至今已有150多年历史。早期的团体工作主要是协助个人适应社会的变化。在团体心理辅导发展的过程中，被称为"团体心理辅导之父"的普瑞特、"职业指导之父"的帕森斯、"心理剧创始人"的莫雷诺等人都作出了重要的贡献。

团体心理辅导运动的发展历史可追溯至1907年在美国密歇根一所高中的职业与道德辅导课。1908年康乃狄克州渥帕高中引进职业信息课，这些课程偏重教导式，为学生提供职业和生活的信息，被视为是职业性团体心理辅导的先驱。

20世纪30年代，团体心理辅导式的课程遍及全美各地，许多学校团体心理辅导的图书也先后出版。此外，美国各级学校也实施"Homeroom"，即同年级学生定期定点集会接受教师的指导，类似我国台湾的导师时间、班周会时间，强化了教师的辅导功能，包括建立师生关系，协助学生探索自己的兴趣和需求，以发展生涯抉择的能力。

此类团体心理辅导的课程大多在班级教室中进行，人数为20~35人，主要目标是提供正确的信息，用以协助学生改变自我和了解他人，领导者是教师或导师。此类课程活动常应用各种教学媒体和团体动力概念，引发成员的学习动机，并促进学生的团队精神。

到了 20 世纪 50 年代，因一般教师缺乏团体动力与辅导的训练，学校辅导员因而取代教师的辅导专业角色，加上学校行政部门又未能有效支持，使得班级团体心理辅导的实施成效大打折扣。至此，学校教师开始向校内辅导员学习团体领导技巧，并关心学生认知、情感和态度各方面的发展，许多教师在教室内开始引导学生讨论个人的感觉、经验，并带领学生进行发展个体身心的各种练习活动，团体心理辅导正式形成。

团体心理辅导正式出现后，逐渐发挥出重要的作用。美国心理辅导大师罗杰斯曾经说过，20 世纪人类社会最伟大的发明之一是"小团体运动"。团体经验无论是对个人还是对社会都有重要影响。通过团体经验，人们可以重新探索自我发展潜能，团体提供了人格重塑的机会。近些年来，随着世界政治、经济、社会、文化的急剧变化，团体心理辅导已经越来越广泛地应用在教育、辅导、治疗活动中。

二、我国团体心理辅导的发展

20 世纪 90 年代开始，团体心理辅导的理论与方法被介绍到我国，各地教育、医疗机构对团体心理辅导进行了一定的研究。在高校主要运用在新生入学教育、自信心教育、人际交往及某些问题的心理治疗等方面，有代表性的有清华大学的樊富珉老师等人做的人际交往、自信心培养等方面的团体心理辅导研究；还有一些医疗机构进行的治疗性的、康复性的研究，等等。总的来说，我国国内团体心理辅导研究及应用还在起步阶段，许多方面仍需要做大量的、深入的工作。

1. 团体心理辅导导入期

这一时期大约从 20 世纪 90 年代初期至 90 年代中期。最初介绍专业的团体心理辅导是 1991 年 6 月中国心理卫生协会大学生心理辅导专业委员会举办的"全国第一期大学心理辅导员培训班"。

系统的团体心理辅导师培训则开始于 1991 年 10 月，中国心理卫生协会大学生心理辅导专业委员会根据大学心理辅导工作的特点以及大学生心理发展特点，特别组织了为期两天的团体心理辅导培训班，学员们充分感受到团体工作的特效。

此后，团体心理辅导的培训一直在全国各地进行。与此同时，美国以及我国台湾地区、香港地区的心理辅导专业人员也被请进来，开展团体心理辅导培训。但由于师资有限，团体心理辅导培训工作范围仍较小。

2. 团体心理辅导探索期

这一时期大约从20世纪90年代中期至90年代末。随着专著的出版，对团体心理辅导认识、了解的人逐渐增多。为了满足各级学校对团体心理辅导的更大的需求，教育部从1994年开始，连续几年先后在江西师范大学、华中师范大学、华东师范大学，培训高校心理健康教育骨干教师。不仅培训工作更加活跃，而且在实践中，团体心理辅导内容丰富、形式多样，可谓百花齐放。

例如1999年，北京高校心理健康教育工作普查结果表明，已经开展心理辅导与心理健康教育工作的高校，辅导与教育内容大致可分为四部分：心理问题防御与治疗、心理发展辅导与训练、心理健康知识普及与宣传、心理健康教学与研究。调查还显示：28所高校中开展专题讲座的占75%，开展择业指导的占53.6%，开展团体心理训练的占53.6%，包括增强自信心、提高社交能力、情绪调节、新生交友、创造性思维等。

3. 团体心理辅导的专业化发展

进入21世纪，随着中国社会经济政治改革的步伐加快，政府也日益重视心理辅导与心理健康教育，先后出台了多个文件强调心理健康教育的重要性。与此同时，劳动与社会保障部制定了国家职业标准《心理辅导师（试行）》；2002年，卫生部制定了卫生专业技术新职称"心理治疗师"；教育部中小学心理健康教育骨干教师培训教材也有团体心理辅导的专门章节；2004年，清华大学教育研究所在应用心理学硕士培养中开设了团体心理辅导课。随着专业培训的推进，以及社会发展的要求愈加迫切，团体心理辅导呈现出蓬勃发展的趋势。

4. 团体心理辅导本土化的探索

近年来，关于心理辅导本土化的呼声渐强，逐渐成为一种发展趋势。各地学者都在探索如何开发适合中国人心理行为的团体心理辅导模式。其中，"身心灵全人健康辅导模式"就是一种在团体情境下，运用中国传统文化中养生健身方法及生活哲学，从身体、情绪以及思想观念三个层面介入，通过生理—心理—精神互动，以促进团体成员达到全人健康为目标的助人模式。

我国国内的团体心理辅导起步较晚，但却有着长期通过团体形式进行思想工作、教育活动的历史与经验，如班级活动、团支部生活等，通过学习和借鉴国外团体心理辅导的有效形式，使团体心理辅导在学生人格成长、人际关系训练、心理障碍矫治中发挥作用是完全可以实现的。

三、团体心理辅导发展的新特点

未来团体心理辅导的健康发展与普及取决于未来社会发展的需要以及团体心理辅导的效能研究和团体领导者的训练。

1. 发展性团体心理辅导将成为学校心理健康教育的重点

目前，学校心理健康教育的方法主要是开设心理健康课程和讲座，开展个别辅导和团体心理辅导。近年来，由于心理健康教育面向全体学生，以发展为主的模式越来越为人们所重视，团体心理辅导与训练逐渐升温。

首先，由于在学校内，团体自然而然存在，故而团体心理辅导与训练特别适合在学校运用。其次，成长中的学生确实有着共同的人生发展课题，而且他们更认同同龄群体的肯定与欣赏，所以团体心理辅导尤其适用于有共同发展课题或有共同心理困扰的学生。再者，团体心理辅导重视团体成员的互动，实践性强，形式多样，生动有趣，适用面广，在心理健康教育课、各类课外活动、班级管理和团队活动中都可以应用。

因此团体心理辅导与训练将会成为协助学生成长发展、学生自我教育的主要方法，社交技巧训练营、自信增强小组、做情绪的主人团体训练、压力处理工作坊、领导才能拓展小组等深受学生欢迎。

2. 团体心理辅导师的专业培训将更加受到重视

目前，在学校从事心理健康教育工作的有德育教师、学生辅导员、团队干部、心理学者、教育研究人员、学校医务人员等，他们的学科背景千差万别，专业化的水平层次更是参差不齐。

而团体心理辅导由于参加人数多，团体动力复杂多变，对领导者的专业化水平有更高要求，没有经过专业训练的领导者会给团体成员带来伤害。可见，队伍的专业化程度不高已经成为制约学校心理健康教育与团体心理辅导工作水平的主要瓶颈。

随着心理辅导的不断普及、开展，教育部及各省市教育主管部门已经开始重视师资队伍建设，提出了培训要求，试行资格认定制度，落实编制、职称评定、规范管理等多项措施。预计经过 5 ~ 10 年的努力，我国学校将形成一支专职为主、专兼结合、专业化程度不断提高的心理辅导队伍，使学校心理健康教育更加科学、有效地开展。

3. 基于终身发展观的生涯团体心理辅导将受青睐

社会发展已经进入终身学习的时代，无论是学校、企业、政府还是其他机构，都会将个人最关心的生涯发展和适应作为重要的工作。这一特点将促使团体心理辅导，特别是生涯团体心理辅导不再只是强调职业探索和职业规划，而是更关注成员个人的需求、能力、潜能、人格特质、价值观等，协助成员从心理、社会、经济等各个层面去观察、思考自己的人生怎样才能更加充实，且更加注重个体决策能力的提高。

4. 重视多元文化背景下的团体心理辅导

不少心理学家都提出过，20 世纪末，多元文化辅导与治疗已经成为心理学的"第四大势力"，与心理动力论、认知行为论、个人中心论并驾齐驱。多元文化辅导一方面肯定固有的心理学派，另一方面寻求整合传统的心理学派，从个人的建构立场去协助一个人探求其人生意义。

受这种观点影响，团体心理辅导也将日益重视多元文化学习的价值，在辅导过程中强调团体成员重视和欣赏自己所属文化的价值，并协助成员学习、了解、接纳和尊重不同文化的价值，提高其在多元文化中的沟通能力。即未来的团体心理辅导将比现在更重视对多元文化的了解、接纳和适应，更重视多元文化下生活能力的培养。

第四节 团体心理辅导的理论基础

团体心理辅导是在团体的情景下，借助团体的动力和各种心理辅导与治疗的技术，使团体成员能够自助助人，达到消除症状、适应环境、发展自己的目的。因此，它作为心理辅导的一种形式，与所有的心理辅导理论都有密切关系；而作为特殊背景下的心理辅导，又与团体发展阶段理论、团体动力学理论、社会学习理论有特殊的联系。

一、团体动力学理论

团体动力学旨在探索团体发展的规律。它研究团体的形成与发展、团体内部人际关系及对其他团体的反应、团体与个体的关系、团体的内在动力、团体冲突、领导作用、团体行为等。

团体动力学不仅为团体心理辅导提供了理论依据，而且为团体心理辅导过程中团体气氛的创设、领导者的作用等提供了重要的研究成果，团体动力学的一些研究，如敏感性训练，直接成为团体心理辅导与咨询的方法与技术，广泛应用于教育、管理和医疗等领域。

1. 团体动力学的理论基础

团体动力学理论基础是卢因的"场论"。场论是借助物理学中的场的概念来解释心理活动的理论，把人的心理和行为看成是一种场的现象，是人与环境的函数，用公式 $B = f(PE)$ 表示。B 是行为，f 是函数，P 是个人，E 是心理环境，它强调在生活环境中研究人的行为。场论的基本特征可以概括为：场是融行为主体与环境为一体的整体；场是一个动力整体，具有整体自身独有的特征；场的整体性在于场内并存事实相互依存和相互作用的关系。

2. 团体气氛

对团体气氛的研究是团体动力学经典的实验研究之一。20世纪30年代中期，美国著名社会心理学家卢因等对民主型和专制型团体气氛进行了实验研究，研究表明，个体在不同的团体气氛下的行为表现出很大的差异，民主的领导方式创造的团体气氛能够提高团体的工作效率，团体成员的工作创造性更大，工作动机更强，个体有较强的集体意识，对团体活动的满意度与满足感也更高；而专制型的领导方式创造的团体气氛虽能保持一定的工作效率，但成员之间缺乏信任感和创造力，工作动机大大降低，成员多以自我为中心，彼此之间推卸责任并充满敌意与冲突。

在实际的团体生活中，不管是在一个工作单位，还是在一个学校或是一个班级，甚至是由几个人组成的小组，我们都能深刻感受到团体气氛的存在以及对一个团体的实在影响。不同的领导风格会产生不同的团体气氛，不同的团体气氛则对团体成员以及团体的发展产生不同影响。因此应该重视团体氛围的作用，以促进团体功能的良好发挥，保证团体能对个体和社会的发展起积极促进作用。

3. 团体凝聚力

团体凝聚力是指团体对其成员的吸引力和团体成员之间的吸引力，以及团体成员的满意度。它是巩固与稳定的社会心理特征，对团体的存在、活动、效率具有重要的作用。团体凝聚力是团体动力学最基本的范畴之一。团体凝聚力对团体效能产生巨大的影响。

影响团体凝聚力的因素主要有团体的性质和团体成员的动机和需求。团体的性质包括它的目标、结构、组织形式和社会地位；而个体动机和需求包括一个人的基本心理需要和对于特定团体的认知和期望。

美国心理学家克雷奇等人认为，凝聚力强的团体有七个特征：第一，团体的团结非起因于外部的压力，而来自于团体内部；第二，团体内的成员没有分裂为互相敌对的小团体倾向；第三，团体本身具有适应外部变化的能力，并具有处理内部冲突的能力；第四，团体成员彼此之间有强烈的认同感，成员对团体有强烈的归属感；第五，每个团体成员都能明确团体的目标；第六，团体成员对团体的目标及领导者持有肯定的、支持的态度；第七，团体成员承认团体的存在价值，并具有维护此团体继续存在的意向。

二、团体发展阶段理论

根据卢因的团体动力学理论，尤其是参考塔克曼的研究，可以将团体的发展分为五个阶段：

1. 形成——团体发展的最初阶段

在最初的团体形成过程中，大家都属于新的成员，彼此之间尚不熟悉，所以在这一阶段，会给人们的彼此交往带来一些紧张或压力感。而团体形成阶段的压力，往往还会使个体产生一种对自己社会交往技能的怀疑。但是随着时间的变化和彼此之间的了解，这种意向性阶段的紧张会逐渐缓解。通过交往和交流，大家彼此增加了认识和了解。同时，大家也会意识到一种相互存在的关系，亦即意识到团体和团体性的存在。

2. 动荡——团体发展的冲突阶段

在最初的意向阶段，团体内成员大都表现出一种礼节性或礼貌性的交往。但是在彼此熟悉之后，便开始逐渐表现自己的感受，同时也就会表现出拒绝和不满，从而给团体生活带来"动荡"或"冲突"。

3. 凝聚——团体发展的规范化阶段

随着团体的发展，尤其是团体的正常发展，成员之间的冲突会得到解决或者是淡化，冲突阶段会被凝聚阶段所取代。团体中的凝聚性，会给团体成员一种整体感，一种归属感，一种获得同志和友情的体验等。

团体凝聚力的形成与发展，是以团体整体性的确立和成员之间的团结为基础的。这种团结不但使团体成员之间的交往和关系更为积极，而且使得团体成员对于团体的归属感增强。在这种团结的意义上，团体成员对于团体的认同感增强，为自己作为团体中的一员而自豪，同时会一致抵御外来的批评，维护团体的利益。

4. 活动——团体发展的任务执行阶段

尽管团体的效能或生产力对于团体的发展是至关重要的，但是很少有团体一开始就能够表现出这种效能或生产力。唯有当团体逐渐成熟的时

第一章 中小学团体心理辅导概述

候，其团体效能和生产力才能充分表现出来。

一般来说，团体的内聚力增加，其团体活动的效能或生产力也就会增强。不过内聚力和生产力的这种相关，会受到以下条件的限制：只有当团体的规范或目标是鼓励高生产力的时候，团体的内聚力与团体的效能或生产力才表现出正相关，即团体的内聚力越强，其团体效能和生产力也就越强；如果团体的规范或目标所鼓励的是低效能或低生产力，那么团体的内聚力和团体效能之间就呈负相关。

5. 终结——团体的最后解散阶段

当团体发展经历了以上基本的过程和阶段之后，也将面临其最后的发展阶段——团体的终结或解散。团体发展的终结可能是有计划的，也可能是突然的或自发的。

有计划的团体解散或终结，一般是在达到了其既定的团体目标，或者是在耗尽了其资源和时间的情况下发生的。而突然的或自发的团体解散或终结，则一般是在团体遇到不能解决的突发事件，使得团体生活不能继续的情况下发生的。

团体发展的终结，对于团体成员来说是一个充满压力的阶段。尤其当这种终结是突然或自发地发生的时候，此时在团体的生活中，往往会发生种种冲突，使团体成员产生挫折感和失败感等。

三、社会学习理论

社会学习理论最早是在 1941 年由美国心理学家米勒和多拉德提出的，班杜拉继承并发展了这种观点，他于 1977 年出版了代表作《社会学习理论》，全面体现其发展心理学的观点。社会学习理论是一种在行为主义刺激—反应原理基础上发展起来的理论，重点阐明人是怎样在社会环境中学习的。

班杜拉认为个人的行为不是由动机、本能、特质等个人内在结构决定的，而是由个人与环境的交互作用决定的，即人的行为受到内在因素与外在环境因素的交互作用影响。行为同时受到环境和个人的认知与需要的影响，人的行为又创造改变环境，个人的不同动机以及对环境的认识使人表现出不同的行为，这种行为又以其结果使人的认知与动机发生改变。

人们通常是通过对他人的行为进行观察和模仿来学习和形成一种新的行为方式，尤其是社会生活中的各类行为，所以团体心理辅导中可以为各种适应不良的成员提供多个可模仿的榜样，以帮助他们改变不适应的行为。

社会学习理论的主要观点包括下面的几个方向：

1. 关于观察学习及其过程

观察学习是班杜拉社会学习理论的一个最基本的概念。所谓观察学习，实际上就是通过观察他人或榜样所表现的行为及其结果而进行的学习。班杜拉观察学习的过程包括注意过程、保持过程、运动复现过程和动机过程等组成部分。

班杜拉认为，强化分为直接强化和替代强化。直接强化即通过外界因素对学习者的行为直接进行干预；替代强化即学习者如果看到他人成功和受赞扬的行为，就会增强产生同样行为的倾向，如果看到失败或受罚的行为，就会削弱或抑制发生这种行为的倾向。强化还有自我强化，即行为达到自己设定的标准时，以自己能支配的报酬来增强、维持自己的行为过程。

在观察学习中起决定作用的影响因素是环境，人的行为会随着环境的变化而变化。如人们只要控制社会文化关系及榜样等客观条件，就可以促使行为向社会预期的方向发展。对榜样的观察是学习新行为的条件，新行为就是行为的榜样化。

2. 关于模仿

模仿是在没有外界控制的条件下，个体受到他人行为的刺激，自觉或不自觉地使自己的行为与他人相仿。早在20世纪初心理学家就开始了有关模仿的研究。20世纪50年代后，班杜拉结合人类认知过程来研究人类的模仿行为，认为模仿不是先天的，而是在后天的社会化过程中渐渐习得的。

一项著名的实验是关于班杜拉等人对儿童的研究。把儿童分成几组，一组进入有玩具的房间，玩具中有一个塑料大娃娃。然后，进来一个成年人，对塑料娃娃进行攻击大约10分钟，用铁锤用力敲打娃娃的头，并不时喊"打"、"打"。另外一组儿童在有玩具娃娃的房间内看一个成年人静静地做他的事，10分钟后离开。另外还有一组儿童是通过电视录像观看攻击性行为。实验发现，无论是直接还是间接观察到攻击性行为的儿童，在后来的游戏中都表现出更多的攻击性行为。

班杜拉认为，许多社会行为通过观察、模仿即可习得，而观察习得的是某种行为的行为方式，环境条件允许时，就会外化为行为表现。

总之，社会学习理论认为人们通常是通过对他人的行为进行观察和模仿来学习和形成一种新的行为方式。社会学习理论的研究成果对团体心理辅导中如何改变成员的不适应行为提供了方法：人们在社会生活中的各种行为均可以通过观察学习来获得或改变，如果为那些心理适应不良的成员提供多个可模仿的榜样，将有助于改变他们不适应的行为。

第五节　中小学团体心理辅导的意义

团体心理辅导是学校心理辅导的主要形式之一，与个别辅导相辅相成。个别辅导侧重于服务个别学生的成长需求，而团体心理辅导则侧重于解决大部分学生共同的成长需求。

把有共同心理困惑和成长问题的学生组织成为一个小团体，以团体的形式对他们进行指导性的心理辅导，不仅有利于克服我国目前专业心理辅导师资不足的客观问题，减轻学校相关部门和人员的工作负荷，更重要的是，团体心理辅导与传统的灌输、说教等教育模式有着鲜明的对比，这一团体的主体是学生，他们因共同的目标而"结缘"，并将在平等友好的氛围中接受专业教师的引导，通过同辈间的互助及自我反思而最终达到团体的目标，解决成长中所遇到的心理困惑，促进人格的健康成长。

一、满足全体学生共同的心理发展需要

从学校心理健康教育的任务来说，促进学生的社会化发展是第一位的。中小学阶段是整个人生发展历程中最为重要的时期，在这十几年的时间里，由于心智发育的不尽完善和社会经验的明显欠缺，青少年学生在成长道路上会遇到许许多多社会适应性问题，出现一个又一个发展性的危机。

例如，对入学新环境的适应问题，人际交往与人际冲突问题，学习困难的排解问题，挫折体验与情绪调节问题，青春期异性交往问题，自我认知与自我调控问题，升学与就业问题，理想、前途以及人生观、价值观问题，等等。所有这些，都是带有年龄特征和阶段性、规律性的，它们或多

或少、或迟或早会在每一个成长的个体身上出现，因此也是可以预见的。

这些适应性问题或发展性危机如果不能得到及时的引导与妥善的解决，就会严重影响到学生的健康成长和终身发展。而应对青少年适应性问题与发展性危机，加以及时的引领、化解与预防的最好途径，就是开设团体心理辅导课。

有人提出，新课程改革之后，一些文化课程中也渗透了心理健康的内容，因此可以不必开设专门的团体心理辅导课了，我们认为这一看法是不妥的。尽管心理健康教育的某些内容可以在课堂教学中融合，某些内容可以在学校日常教育工作中结合，某些内容也可以在班主任的个别教育工作中体现，但相当多的内容还是需要通过辅导课程另辟专门的渠道。

因为对于学生的成长而言，无论是认知的转化、情感的升华，还是情绪的调控、行为的训练，都有一个发生、发展、蕴蓄直至提升的渐进过程，都需要有一段相对来说比较充分、比较集中的辅导时间；并且需要围绕一个比较集中的辅导主题，引导全体学生来进行深入的思考和讨论。

在这两个条件上，"课堂教学融合"或"班团（队）活动结合"这些载体都是难以保证的，唯独团体心理辅导课才可以提供这样一个广阔的心灵舞台。换句话说，没有一定的时间和思维空间的保证，许多辅导内容是无法操作的，这也正是团体心理辅导课之所以必须存在的重要缘由之一。

至于心理健康教育讲座，尽管从时间上讲是充分的，但就效果而言，则大多不能与团体心理辅导课相提并论。而且实践证明，在小学里，讲座的形式基本不可取；在初中和高中也只能偶一为之。

正如台湾心理辅导学家吴武典所指出："学生需要辅导，这是学校辅导工作存在的根本理由。学生为什么需要辅导呢？这是因为：第一，他们需要成长与发展；第二，他们在成长过程中有了困惑；第三，他们在发展过程中发生了危机。"

所以，如何以儿童起初的问题为基础，认清其能力、兴趣和环境的影响，以选择适合学生能力、兴趣的教材来作为共同的课程，是颇值得我们探讨的问题。而可以提供最适合学生需要的"辅导取向的课程设计"，也就应运而生，渐为教育界所重视和采纳。

许多地区中小学十余年来的辅导实践表明，团体心理辅导课的这种有计划、有目的地推动同年龄段全体学生个性心理品质积极发展，以预防心理不适应或发展性障碍为其使命，以团体心理辅导的特殊规律和特殊技巧为其操作规范的功能，是其他形式的心理健康教育载体所难以承载的。

二、为学生个性的发展创设了团体氛围

从学校心理健康教育对学生个性发展的影响来看，团体心理辅导课不是一种严肃呆板的说教或居高临下的训导，而是一种心灵与心灵的沟通，是一种人与人之间的相互信任和相互帮助，是一种人性化氛围的感染和熏陶。从人的本性上说，每个人都"有认同的需求，隶属的动机、被爱的欲望，社会学家称之为'社会性饥饿'"，而班级就是基于这样一个个体心理需求的结合体，是一个"社会—心理"团体。

团体心理辅导课则是一种互动的"团体的过程"，这个过程"会产生影响团体成员及整个团体的力量，此即所谓的"团体动力"。大量的实践经验表明，当学生身处班级中接受团体心理辅导时，他的情感体验和心灵上受到的震撼力是他在个别辅导、主题班会、课堂教学及心理健康讲座等其他场合下无法体会的。

因此，就个体而言，"参与团体的经验具有重大的心理意义。团体提供给学生一个现实的社会的缩影，使他能将从团体中所获得的洞察与日常生活经验相联结，并在安全、信任的气氛中尝试着去学习或改变行为"。"我们可以这么说：一个人要了解自己，最好从团体中去了解；要改变自己，最好从团体中去改变；要实现自我，最好从团体中去实现。"

总而言之，以团体方式进行辅导可说是目前学校辅导工作的主要趋势之一，我们应该努力使班级辅导活动成为少年朋友成长路上永远难忘的"心灵盛宴"。

三、为实现学校心育目标提供课程保证

从学校教育目标与课程设置的关系来看，课程，包括活动课程，是中小学一切教育活动之本，课程的格局极大地制约着学校教育功能的发挥。

回顾 60 多年来的当代中国教育史,在国家教育方针指导下的培养目标的表述不管做出何种或大或小的调整,无一不是在学科课程改革中得到反映的。

以德育为例,如果仅仅强调学校全部教育教学工作中"全方位渗透",而不开设专门的思想品德课程,那么德育的目标也不能够确保全面落实。而现行的中小学"三板块"(必修课、选修课、活动课)课程结构,也正是针对旧有的学科课程弱点,力图通过改革来构建学科课程与活动课程相结合的新体系,以促进素质教育培养目标的实现。

可见,课程是教育系统的软件,教育目标的实现皆维系于课程。鉴于"主智主义"课程在我国长期处于一种超稳定的状态,在课程结构与内容上都形成了与教育目标及学生发展需要严重脱节的局面。因此,从教育目标与课程结构的关系上来探讨学校心理健康教育的实施途径问题,就不难得出这样的结论——团体心理辅导课应该成为学校发展性心理健康教育的主要渠道,它在提升学生心理素质、发展学生个性、使学校教育人性化方面所起的作用是极为独特的。

当然,我们强调团体心理辅导课是学校心理健康教育的重要载体,绝不是说可以忽视或轻视其他教育和辅导形式的综合作用。恰恰相反,只有把心理辅导专门活动融入认知教育而成为学生在校活动的一部分,并且由心理辅导教师、班级及科任教师广泛参与这项活动,辅导才能普遍地、广泛地影响学生生活而达到预期的目的。

总之,团体心理辅导课是学校心理健康教育整个体系中的一个组成部分,但又是一个极其重要、必不可少的组成部分,它是学校心理健康教育是否真正形成了"面向全体、全员参与、全程融合"氛围的关键一步。

一个学校的心理健康教育工作如果仅仅停留在做"宣传"、搞"讲座"、开设"心理辅导室"、建立"心理信箱"或"心理热线"等工作层面上,而不去下气力开展团体心理辅导课,那么,即使表面的形式搞得十分花哨,我们也可以认为这个学校的心理健康教育局面尚未真正突破"瓶颈"。

四、团体心理辅导能够取得事半功倍的效果

已有的资料显示，现在我国有 3000 万青少年处于心理亚健康状态，常见的青少年心理问题有孤独症、学习焦虑症、感觉综合失调症。据有关调查，10.4% 的学生没有知心朋友，14.4% 的学生有了委屈、烦恼或知心话无处诉说。还有的调查表明，厌学情绪随着学段的升高而上升，产生逃学念头的学生比例为初一年级 0%，初二年级 8.4%，高三年级则上升至 31.6%。

显然，面对这一实际情况，虽然通过深入细致的一对一的个别辅导能够帮助青少年解决成长中的心理困惑和问题，但是效率很低。试想，如果一所学校有 1000 名学生，有 10% 的学生需要辅导，那么仅有的一两位心理辅导教师不但需要疲于奔命，更重要的是往往无法保证辅导的及时性和有效性。

而已列入日常课程设置的学校心理健康教育课，其面向的对象是全体学生，对学生心理素质的提高的确有帮助，但不可夸大它的效用。例如，对于高中生来说，学习压力大，课业负担重，加上高中生随着年龄增长，开始变得"深沉"，不太愿意袒露自己。而种种原因又使得一般的学校心理健康教育课以普及心理保健基本知识与介绍心理训练技能为主，它的作用只能是浅层次的，时效较短，较难深入到个体。

因而要真正达到心理健康教育的目标，还需借助其他心理健康教育途径的合力，才能真正帮助学生和谐发展，及时解惑，最终提高学生的心理健康水平。

在众多的途径中，团体心理辅导，这种针对学生成长中存在的共性心理问题，预先设定辅导的目标、形式、内容、情境等，以小组或班为单位，为团体成员提供心理援助的辅导方式就是一种行之有效的形式。

在团体心理辅导过程中，团体舆论、团体气氛、从众现象、榜样效应、期望效应等社会心理现象都可能与学生的心理产生多因素的交互作用，即个人与团体相互促动，交互作用，共同成长。可见，团体心理辅导既满足了青少年学生自主性的体验，缓解或解决了他们的心理困惑，又实

现了省时省力的客观要求，从而提高了学校心理服务的效率。

由于团体心理辅导所表现出来的专业性、开放性、互动性、目标性、一致性、结构性等特点与传统的灌输、说教等教育模式有着鲜明的对比，更符合青少年的心理特点，易于被学生所接受，因此，团体心理辅导既有预防和治疗的功能，更有其教育与发展的作用。它可以帮助参与其中的中小学生认识自我、探讨自我、接纳自我，调整改善与他人的关系，学习新的态度与行为方式，在开放式的互动中学习，从而达到助己和助人的目的，促进人格的健康成长。

第二章　中小学团体心理辅导的目标

　　目标是人们行动所要获得的预期结果，是满足人的需要的对象。在人的行为过程中，目标起着激发、引导、激励和调节的作用，具有诱发、导向和激励行为的功能。因此，目标本身是行为的一种诱因，适当地设置目标，能够激发人的动机，调动人的积极性。

　　在团体心理辅导中，团体心理辅导的目标是确定其内容的直接依据，团体心理辅导内容是团体心理辅导目标的具体化，无论是团体心理辅导的内容还是形式的选择，都必须紧扣团体心理辅导的目标展开。因此，在开展中小学团体心理辅导过程中，确立合适的团体心理辅导目标就显得尤为重要。

第一节　辅导目标的功能

中小学团体心理辅导的目标，主要具有导向功能、凝聚功能、激励功能和评价功能。

一、导向功能

目标是构成团体的必要条件，如果没有共同的目标，就不能构成团体，充其量只能算是群体。同样，在团体心理辅导过程中，如果没有共同的目标，就无法有效凝聚团体成员相互沟通观念、交流思想，无法让团体成员共同解决问题。

所以，目标是对团体心理辅导全过程的预期，是指引团体心理辅导进行的灯塔，它可以为团体心理辅导指明方向，让每个团体成员围绕共同的目标投入活动。如果没有目标的指引，团体心理辅导就如同在黑暗中航行的轮船一般，会迷失方向。

因此，只有确立明确的、一致的团体心理辅导目标，才能促成团体成员更好地凝聚在一起，从而保证团体心理辅导沿着正确轨道前进。

二、凝聚功能

团体凝聚力是指团体成员之间的相互吸引力，以及团体对成员的吸引力，它是一种向心力。团体目标对于提高团体成员的凝聚力有着重要的作用，一个明确的合理的团体目标是把团体成员凝聚在一起的黏合剂，让团体成员能够在团体心理辅导过程中拧成一股绳，齐心协力完成任务。

一般而言，团体目标与团体成员的心理需求密切相关，二者一致性越高，团体目标的凝聚功能越强。例如，一些团体心理辅导采用分组对抗的竞赛形式进行，各组团体成员在赢下比赛的目标凝聚下，往往能够团结协作，一致对外，从而培养团体成员的团队精神。在整个紧张的比赛气氛中，可以迫使一些缺乏团队精神的团队成员不得不转变喜欢单干的行为，而与其他成员合作；与此同时，一些性格内向、害怕社交的成员也不得不调整心态，更主动大胆地与其他团体成员有效互动，齐心协力为团队出一份力。这个过程就淋漓尽致地体现了目标的凝聚功能。

三、激励功能

目标是激发人们动机的诱因。所谓动机，是能引起人去从事某种活动，指引活动去满足一定需要的愿望或意志。动机是人的行为的内在驱动力，起着引导和激励作用。而合适的目标则能够激发人的动机，调动人的积极性，从而激励人们朝着目标前进。团体心理辅导的目标对团体成员同样起着激励的作用，让成员在活动遇到困惑、困难时不气馁不退缩，在目标激励下调整自己，重新振作，积极地朝着目标不懈努力。

要发挥中小学团体心理辅导目标的激励功能，必须注意以下几个方面：

1. 目标的设置要有吸引力，有挑战性，这样才能充分吸引学生的兴趣，调动其参与活动的热情。一般来说，根据"最近发展区"的理论，可以让目标略高于大部分学生的实际能力，这样"跳一跳，摘得到"，更能挖掘学生的潜力。

2. 目标的设置要紧密联系学生心理需要，特别是要联系学生在学习、生活、情感等方面遇到的困惑和困难，这样才能使目标更具实用性和亲和力。

3. 提高目标的可行性，即提高实现目标的可能性。应该在保持目标有一定的挑战性的前提下，提高目标的可行性，否则，如果目标可行性太低，即使具有很强的挑战性和诱惑力，也无法发挥目标的最佳激励效果。同一个目标，对于具有不同能力的人来说，难度是不同的，这就要求我们在目标的设置上必须立足实际，充分考虑大部分学生的能力水平和特点，从而让目标更具可行性。

4. 内化目标，使外在的团体心理辅导目标转化为学生自己的内部动机。根据教育心理学的观点，学生的动机可以分为外部动机和内部动机，外部动机不是由活动本身引起的，是由与活动没有内在联系的外部刺激或诱因所引起的；而内部动机是学生对活动本身发生兴趣而产生的动机。一般而言，内部动机比外部动机对学生有着更稳定更强大的激励功能，因此，在团体心理辅导过程中，我们有必要把外在的目标转化为学生的内部动机，以提高目标的激励功能。

5. 提高目标激励频率，注意总目标和阶段目标的结合。目标激励频率，即实现目标过程中的激励次数。在团体心理辅导的目标设置上，可以采取"大目标、小步走"的方法，把目标分成几个阶段目标，逐步实施，使学生在总目标的每一阶段中，都能获得阶段目标成果，增加成就感，看到实现总目标的希望，因而始终保持高昂的热情和经久不衰的积极性。这是发挥目标激励作用的一个重要方法。

四、评价功能

评价是团体心理辅导的重要一环，可以检验团体心理辅导效果，而要评价团体心理辅导的效果，主要是看通过团体心理辅导所达成预设的目标的程度，因此，中小学团体心理辅导的目标是评价中小学团体心理辅导效果的尺标。具体的评价方法有观察法、问卷法、访谈法等，可以由学生自己评价，也可以结合其他学生评价或者教师评价。但无论采用何种评价方法，都要注意结合团体心理辅导前预设的目标来评价。

第二节　制订辅导目标的原则

中小学团体心理辅导的目标直接决定了中小学团体心理辅导的内容和实施，因此，科学地制订中小学团体心理辅导的目标，对中小学团体心理辅导的开展有着至关重要的作用。制订中小学团体心理辅导的目标应该遵循以下几个原则：

一、辅导目标必须清晰

所有的团体都有其特定的目标。有的目标是长期性的，有的目标是短期性的，有的目标是即时性的。一般说来，团体心理辅导的目标应该被界定得很清楚、很具体、很大众化。当然，有些时候，目标也可能是笼统的、一般化的；但对于团体心理辅导课而言，目标的明确和清晰对于在规定的课时内完成辅导任务有着至关重要的意义。

辅导教师可以通过回答以下问题来检视自己辅导目标的确定性和清晰度：

（1）团体心理辅导目标的表述是否清晰？

（2）学生是否都可以理解这些辅导目标？

（3）团体心理辅导目标能否激发学生参与活动的活力？

（4）我将如何带领团体达成这些目标？

要做到目标设计清晰明确，必须注意以下几个方面的问题：

（1）不使用晦涩、深奥、含混不清的语言，例如让学生了解自己的学习价值观即学习是为了什么，协助学生理解什么是学习，即学习学什么，引导学生认识自己的学习风格，进而将自己的强势学习风格应用到学习以及日常生活上；

（2）不使用模棱两可的、容易产生歧义或者争议的表述，例如"避免出现早恋现象"，这"早恋"二字就容易出现争议；

（3）不使用太长、太复杂的句式，例如："让学生客观、全面而深刻地了解和探索自我的重要意义，并且帮助学生从多个角度和途径探索自我，使学生明确深刻而全面地探索自我成为可能"；

（4）不使用大而空的、标语口号式的语句，例如："呼吁以每个人的实际行动，为创造美好、和谐的班集体而努力"。

二、辅导目标必须可操作

目标是用于指导实践的，因此必须可被观察、测量并且经得起实践检验。目标的可操作性实际上就是在实践中的可行性，它是中小学团体心理辅导目标制订过程中的基本要求，没有可操作性的目标经不起实践检验，因此没有任何意义。

辅导活动目标的可操作性，是指在目标明确、清晰的基础上，将目标细化为可以观察、评定并可以训练、培养的行为特征。我们不能泛泛地将"完善自我"、"健全人格"、"调控情绪"等作为团体心理辅导课的课时目标，而应该将这些抽象的、笼统的概念加以具体化。

按照美国著名心理学家布卢姆的教育目标分类学理论，可以把行为目标作为单元目标的细化，即把学生的行为改变或教师所期望的学生学习成果作为单元目标的细目。行为目标的编写，均应该以行为动词为开端，如"理解……"、"认识……"、"描述……"、"使用……"、"改变……"等，都是以行为动词为开端的。这样描写的行为目标可以观察，也可以通过一定的测验和评定方法来评估，并通过一定的辅导活动来加以训练和塑造。

上海市中小学心理协会理事长吴增强等也认为，活动目标切忌笼统抽象。如："调适不良情绪"，这一目标的表述太含糊，不如改为"认识不良情绪给自己的生活、学习带来的危害，寻找缓解和消除不良情绪的几种方法，增强对情绪的调控能力"。目标越具体，就越容易实践。

另外，目标应指向团体心理辅导的结果而不是过程。只有指向结果的目标，才便于团体心理辅导的后期效果评估。如"让学生接受放松训练"这一目标所指向的就是团体心理辅导的过程，宜改为"通过放松训练，让学生掌握放松技巧，增强自我放松的能力"。

总之，辅导目标的设计是为了便于给辅导活动的实施过程指出一条具体的路径，明确的辅导活动目标具有导向和调控的作用，体现了辅导活动对于全班学生的预期影响，因此目标的设计应该相当具体，以便于操作。

这里的"可操作"首先指的就是，在认知上应该"了解"什么、"懂得"什么或"转变"什么，在行为上要"学会"什么、"养成"什么或"改变"什么，在情感上要"体验"什么、"感悟"什么等，而不能停留在一般的、宏观的、上位目标的描述上；其次，"可操作"还体现在目标的适度性上，即既不超越、也不低估学生的年龄特征，目标的针对性应该非常鲜明。

三、辅导目标要有针对性

针对性是指要针对当前中小学生最为关心的、最需要解决的心理发展问题和需求，同时兼顾个体差异性来开展团体心理辅导。

这里的个体差异性主要指不同年龄阶段学生有着不同的心理发展水平、心理特点、心理需求以及心理发展任务，即使是相同年龄阶段的学生，由于生理、智力、家庭、父母教养方式的差异，其心理发展也存在差异，因此在制订中小学团体心理辅导的目标时，我们既要把重点放在大部分学生最关注的、最需要解决的问题上，又要根据学生年龄和心理的发展特点和任务分别制订不同年龄阶段的团体心理辅导目标。

一般而言，中小学团体心理辅导要从中小学生最关注也最需要解决的方面入手制订目标，如学习问题、情绪情感问题、生活问题、自我意识、人际关系等。而在个体差异性上，又可以按照小学、初中、高中三个阶段分别制订每个阶段的团体心理辅导目标，每一阶段又可以按照年级进一步制订细化目标，从而完善中小学团体心理辅导的目标体系。

由于课时的限制，一节团体心理辅导课要达成的辅导目标不可能太多，更不可能面面俱到。因此，必须集中有限的辅导资源，重点突破必须达成的某一两个辅导目标，而不可考虑过多过细，泛泛而求。

我们以解决校园冲突事件为例：无论在中学还是小学，学生与学生之间在校园里发生口角、争吵甚至打架斗殴事件是比较常见的事情，许多教师往往为此充当"救火队员"，或者"说是论非"，或者"对簿公堂"，或者"各打五十大板"，或者"大动干戈"、处以重罚，搞得教师自己肝火上升、怒气冲天，学生却还怒目圆睁、心口不服、愤愤不平。其实，校园中的冲突除了有意识的侵犯事件之外，常常反映了一个学生交往能力特别是处理人际矛盾的水平问题，这些问题最适合运用团体心理辅导课来对学生进行人际交往技巧的发展性、预防性辅导，以求防患于未然。而就这一内容的团体心理辅导课而言，要达成的辅导目标会有很多，至少可以按照四个梯度来展开。

1. 了解人际冲突成因

在这个梯度上，辅导的目标是要让学生通过对曾经经历或者目睹过的同学之间发生冲突事件的回顾，在交流、探讨、反思、分享体验的过程中，领悟到冲突的发生都是有原因和规律的。例如，或者起于"话不投机半句多"，或者起于"说者无意、听者有心"，或者起于"两利相争、各不相让"，或者起于"一怒之下、拳脚相加"，或者起于"为保颜面、决不受辱"，等等。总结这些引发人际矛盾冲突的规律，就可以了解冲突产生的基本原因，那就为减少和消除校园冲突事件奠定了认知基础。

2. 了解人际冲突反应

在这个梯度上，辅导的目标是要让学生通过回顾和交流自己在遭遇冲突时的切身感受，了解人际冲突在自己生理上、情绪上、行为上引发的各种具体的反应。例如，怒不可遏、满脸通红、心脏狂跳、青筋暴起、手脚冰凉、咬牙切齿、浑身发抖、出言不逊、举止失控、失去理智，等等。了解这些冲突引起的身心和行为反应，有助于学生即时性地进行自我监控，以便尽可能地克制自己的冲动情绪和非理智举动，那就可以为防止冲突升级起到预警作用。

3. 学会化解人际冲突

在这个梯度上，辅导的目标是要让学生通过团体的互动，分享彼此以往处理人际矛盾冲突的经验、体会、方法、技巧，从而在操作层面上提升学生化解冲突的技能和策略，那就可以依靠他们自己的力量来及时地将人际矛盾冲突"大事化小，小事化无"，校园内便自然更加和谐温馨、其乐融融了。

4. 学会防范人际冲突

在这个梯度上，辅导的目标是要让学生通过对人际交往技巧的有关训练，增进学生的人际知觉能力、合作能力和利他行为，从而有效地提升自己的人际吸引力，并学会处理好与同学交往过程中的各种具体矛盾，以防范人际冲突的升级。

从以上举例分析中可以看出，在以处理和预防校园冲突事件为目的的发展性团体心理辅导的设计中，教师可以列出许多不同层级的辅导目标，这些目标必须加以分解，并合理地分布到不同的学年辅导计划之中，随着学生年龄的增长而逐渐提升其操作要求。而且，每次活动只能集中指向其中的一两个目标，不可以"杂七杂八一勺烩"地加以设置。例如，在一节人际交往的团体心理辅导课中，教师设置了以下六个辅导目标：（1）了解人际交往的一般心理效应；（2）懂得人际交往的四种心态；（3）学会人际交往的秘诀；（4）注意克服不良的交往方式；（5）促进学生的自我认识与同学之间的认识，在交往中树立正确的认识态度，特别是对真正的朋友与酒肉朋友有一个明显的区别；（6）从具体的事例中总结出交往的真正艺术，升华为理论层次，用来指导自己的人际关系。辅导目标如此庞杂而分散，在一堂课的时间内如何可以达成？恐怕除了"蜻蜓点水"、"隔靴搔痒"之外，别无他用了。

四、体现发展性和时代性

发展性是指团体心理辅导要以发展性目标为主，通过团体心理辅导为学生搭建一个心理充分发展的平台，加快学生的心理成长，使学生的心理问题在发展与成长中得到解决。

发展就是最好的防治，这是中小学心理健康教育中我们应当具备的一种观念，只要学生心理得到不断发展，心灵不断成长成熟，心理素质和品质不断提升完善，那么学生的心理问题也就自然解决了。

一个人心理不断成熟的过程，也是一个逐渐社会化的过程，要通过在与他人的社会交往中不断累积社会化经验，才能健康成长，这种社会化的情境正是团体心理辅导所能够提供给学生的，这也正是团体心理辅导的最大特点和优势。因此，要发挥中小学团体心理辅导的优势，就必须以发展性目标为主，同时也兼顾防治性目标。

时代性是指团体心理辅导目标的制订要紧跟时代步伐，要紧紧跟随时代和社会要求来制订符合时代和社会发展规律并且富有时代气息的团体心理辅导目标。

只有符合时代和社会发展要求的教育，才是真正能够引导学生健康发展的教育；只有富有时代气息的目标，才能更好地贴近学生生活，走进学生的心灵，提高团体心理辅导的亲和力和辅导效果。

目标的时代性要求中小学团体心理辅导要根据时代和社会发展对人才心理素质的要求来制订辅导目标，同时目标也要随着社会和时代的不断发展进步而及时作出相应变化和更新。例如，当代社会是一个竞争激烈的社会，人才倍增，这就对人才的综合素质有了更高的要求，如敬业精神、创新精神、吃苦精神、团队精神等都是获得成功所不可或缺的。此外，良好的心态和过人的心理素质更是在剧烈的社会变革和激烈的人才竞争中保持心态平衡和良好适应的法宝。开展中小学团体心理辅导时就可以根据这些时代和社会对人才的要求来设定一些相应的目标，如提高学生的创新思维能力、增强团队精神、学会处理竞争和合作的关系、学会压力的调适和放松技巧等，使学生通过团体心理辅导提高各方面能力，为适应社会打下基础。

五、必须顾及团体共性目标

所有的团体在运行过程中都会经历不同的发展阶段，不同的阶段就有不同的团体目标。不论某一次团体心理辅导课的具体辅导目标是什么，作为一个团体的历程，它们在各个发展阶段都会有一些带有规律性的共性目标。例如团体一开始的"定向探索阶段"，需要达成的团体共性目标就是：

发展团体信任，建立成员的"安全感"和"信任感"，使团体的凝聚力能尽快提升；而到了团体最后的"结束跟进阶段"，团体的共性目标一般就是用迁移、转化等方法，促使学生把分享体验转化为新的行动，在团体外的新环境里能直接面对自己。这些共性目标在团体心理辅导课的目标设计中应该有重点地加以顾及。

团体的共性目标大体上包括团体成员在具体的问题情境下的四种应对技巧，即人际技巧、问题解决技巧、认知应对技巧及自我管理技巧。

1. 帮助学生学习在具体情境下的人际技巧

人际技巧是在既定的状况下，被证明是有效的，或者说，最有可能在互动者身上引发、保持或增进正向效果的反应，而同伴团体是教导与学习人际技巧的最佳环境。每一次班级团体心理辅导中教师都应该有意识地让学生在团体情境中学习以下人际技巧中的一两种：

（1）引导学生学会专心而有礼貌地倾听；

（2）引导学生学会思考、比较和分析各方面的意见；

（3）引导学生学会善解人意，并充分尊重他人的想法和体验；

（4）引导学生学会清晰明白地与他人交流思想和看法；

（5）引导学生养成与他人商讨、求助、助人、合作、让步的习惯；

（6）引导学生树立"规则"意识，自觉维护团体互动的秩序；

（7）引导学生学会自我接纳；

（8）引导学生学会容忍别人；

（9）引导学生学会关怀别人。

2. 帮助学生学习在具体情境下的问题解决技巧

问题解决技巧是一整套拓展学生适应力与人际效能的有效方法。美国心理学家斯皮瓦克和舒尔认为最基本的有关技巧包括：

（1）弹性的思考，或者说是想出多种办法来解决人际问题的能力；

（2）推论结果的思考，亦即预测某个特定选项会有的短期和长期后果，并以此作出决定的能力；

（3）方法与结果的思考，亦即规划解决问题的方法或行动步骤的能力。

3. 帮助学生学习在具体情境下的认知应对技巧

认知应对技巧指的是能够运用思考来处理内在的或社交的事件，比如：

（1）分析自己想法的能力；

（2）澄清自己的价值观的能力；

（3）适当的自我对话，在心里鼓励自己的能力；

（4）在压力情境下放松的能力；

（5）适度地宣泄自己情绪的能力。

4. 帮助学生学习在具体情境下的自我管理技巧

这是指借着控制自己的内在环境来控制自己行为的过程，比如：

（1）在其他社会环境中自我监控的能力；

（2）在遇到心理困惑或实际问题时向别人求助的能力；

（3）尝试改变自己的行为的能力；

（4）学习作出正确的自我评价的能力。

以上这些团体共性目标有时会与团体心理辅导课主题本身的辅导目标相重叠，这是不奇怪的。但将团体共性目标单独列出，有助于辅导教师增强对团体运作规律性的认识，自觉地利用团体本身具有的功能去促进学生的成长发展。

第三节　辅导的目标体系

中小学团体心理辅导的目标应该具有一个完整的体系，具体地包括总目标、中间目标和具体目标几个层次。

一、中小学团体心理辅导的总目标

中小学团体心理辅导的总目标是：维护和促进受教育者的心理健康，提高受教育者的心理素质，开发受教育者的心理潜能，使受教育者的个性得到充分和谐的发展，为受教育者的全面发展提供良好的基础。这也是中小学团体心理辅导的终极目标。

1. 要符合心理辅导的终极目的

要构建一个目标体系，必须首先明确终极目的，即总目标；要构建团体心理辅导课的目标体系也必须首先明确心理辅导的终极目的，即我们的心理辅导最终要把学生引导到哪一个方向上去。

团体心理辅导课是一个伴随和协助学生成长、适应和发展的过程，这个过程的最终目标应该是使学生获得"全人发展"和"自我实现"。美国心理学家马斯洛曾说："辅导的终极目标是在协助当事人发展成为一个健康、成熟而能自我实现的人。"而当代心理学家帕特森也说过："协助当事人成为一个负责任、独立，且能自我实现的人，好叫他有能力为自己的行为作决定。"

那么，什么样的人才算是"健康、成熟而能自我实现"的人？马斯洛为此曾列举了如下特质：

（1）对现实的更有效的洞察力和更适意的关系；

（2）更能接受自我、他人与自然；

（3）自发性，坦率，自然；

（4）以问题为中心；

（5）超然独立的特性，离群独处的需要，对于文化与环境的独立性；

（6）自主性，自由意志，积极的行动者；

（7）更新颖的鉴赏，情绪反应的丰富性；

（8）高峰体验；

（9）社会情感；

（10）改善了的人际关系；

（11）更民主的性格结构；

（12）区分手段与目的、善与恶；

（13）富于哲理的、善意的幽默感；

（14）创造力；

（15）对文化适应的抵抗。

马斯洛同时认为，自我实现"只能出现在年龄大一些的人身上，它往往被视为事物的终极状态，被视为远大的目标，而不是一个活跃于一生的动态过程，它是一种存在，而不是演变"。对于大多数人，特别是儿童及青少年来说，他们都尚未达到这个境界，但他们正在走向成熟，他们的"自我实现"的过程意味着发展或者发现真实的自我，发展现有的或潜在的能力。再者，"心理健康"是一个内涵比较模糊、外延比较宽泛的概念，它的界定往往受社会制度、民族文化背景以及意识形态的一些影响，至今国内外心理学界、卫生界和教育界还没有一个比较一致的说法。

在这种情况下，我们认为，采用世界卫生组织提出的心理健康七条标准比较符合中小学生的具体情况，可以看作是比较容易被大家认同的"健康、成熟、能自我实现"的理论概括。这七条标准是：

（1）智力正常；

（2）善于协调与控制情绪，心境良好；

（3）有较强的意志品质；

（4）人际关系和谐；

（5）能够能动地适应和改善现实环境；

（6）保持人格的完整和健康；

（7）心理行为符合年龄特征。

这七条标准实际上主要涉及四个方面的心理素质发展问题：

（1）智力发展正常，即注意力、观察力、记忆力、想象力、思维能力等各种智力要素都应该在正常范围内。如果人的智力低下，那就很容易引发当事人的人格偏差，并会导致其他心理疾患，对于青少年学生来讲，尤其如此。

（2）人格发展健全。这里的"人格"指一个人所具有的独特的、稳定的心理特性的综合，是一个人更本质、更持久地有别于他人的特征。它是人的素质中最为核心、最为复杂的部分，并常常以个性心理品质为其外部观照。

（3）能主动适应环境，包括适应人际环境和社会、自然环境。具体表现为人自身的稳定的行为倾向，以及与社会的关系处于一种协调状态，心理学上称之为"人格适应"。人格适应不良的人往往会产生情绪困扰或人格变异，引起各种焦虑、挫折或冲突；人格适应良好的人则一定是情绪稳定、意志坚强、人际关系和谐的。

（4）心理成熟度符合年龄特点。它表明，人的心理健康是一个发展性的"成长"过程，它时刻处于动态之中，伴随着生命的整个历程。个体生命的每一阶段都会有各自不同的心理困惑，人必须适时地、不断地发展自己、完善自己、调整自己，才有可能保持心态的持续健康与稳定。

不管将来对中小学团体心理辅导课的总目标有无一个比较权威、比较一致的表述，专业心理辅导工作的这一终极目标都应该存在于每一个辅导者的心中。因为那是对学生人格发展美好未来的一种理解，也是对人类灵魂理想归宿的一种追求。

2. 要符合学校教育的总目标

必须强调指出，学校心理辅导工作不同于其他类型的社会性辅导服务，学校的心理辅导乃是学校教育实践活动的一个组成部分，它必然要受学校教育目的即培养人的总目标的制约和影响。

学校教育目的总是把个体发展放在一定的社会历史范围内去考察，从社会的需要和人的发展两个方面来加以综合确定的。因此，我国《宪法》规定："国家培养青年、少年、儿童在品德、智力、体质等方面全面发展。"这里讲的"全面发展"，当然包括人的个性心理的完美发展，只不过按照我国对"教育目的"这一概念的表述惯例，将其隐含在品德的全面发展之中，没有单独指明而已。

1995年3月，原国家教委正式颁布的《中学德育大纲》，第一次以教育法规的形式明确地把培养中学生个性心理品质列入了德育目标。例如，对初中阶段学生良好个性心理品质的有关要求是："具有自尊自爱、诚实正直、积极进取、不怕困难等心理品质和一定的分辨是非、抵制不良影响的能力。"对高中生个性心理品质的要求则是："具有自尊自爱、自立自强、开拓进取、坚毅勇敢等心理品质和一定的道德评价能力、自我教育能力。"

显然，这些目标是从培养什么人的高度来加以考虑的，它包含着深刻的育人内涵，代表着国家的教育意志，因此是我们构建中小学发展性辅导目标体系必须遵循的法规依据。

2002年8月，教育部颁发的《中小学心理健康教育指导纲要》，对学校心理健康教育目标与任务的表述就更为明确了："心理健康教育的主要任务是全面推进素质教育，增强学校德育工作的针对性、实效性和主动性，帮助学生树立在出现心理行为问题时的求助意识，促进学生形成健康的心理素质，维护学生的心理健康，减少和避免对他们心理健康的各种不利影响；培养身心健康，具有创新精神和实践能力，有理想、有道德、有文化、有纪律的一代新人。"这对我们构建团体心理辅导课目标体系更是具有重要的指导意义。

3. 要符合团体心理辅导课的总目标

中小学团体心理辅导课的总目标大致可以表述为：提高全体学生的心理素质，充分开发他们的潜能，培养学生乐观、向上的心理品质，促进学生人格的健全发展。这样一个辅导总目标在具体的操作定义上不必强求一律，可以根据各地的不同情况有所区别。

中小学团体心理辅导课的总目标可以概括为四个方面：

（1）学会认识自己——人最难的是"认识你自己"。要使学生能正确认识自我、接纳自我，促成更深入的自我了解，澄清与调整自己的价值观，改变不合理的认知或信念，增进自信、自尊与自重，增强监控自我、调节情绪、承受挫折、自立自强的能力。

（2）学会有效学习——通过团体的交流促进学生智力的健康发展，帮助学生掌握科学的学习方法、学习策略，养成良好的学习习惯，不断开发自己的潜能，使自己的潜质得到最大限度的发挥。

（3）学会社会交往——在团体内学习与展现自己热情、真诚、率直、亲和、关爱、诚信的待人态度，懂得善解人意，提高对他人需求与情感的敏感度，增进彼此了解；学习与他人合作共处，强化对自我和他人负责的意识，提高团体内的认同感；能用在团体内学到的技巧来处理好亲子关系、师生关系和同伴关系，遇到矛盾冲突时能尽量在个人需求与他人期望之间保持平衡；学会与异性同学建立正常的友谊，把握好异性交往的分寸。

（4）学会适应环境——在团体内增进与所处环境健康互动的意识，了解简单的心理调节方法，认识在环境压力下的心理异常现象，初步掌握心理保健常识；懂得求助，与自己信任的人共同探索发展的危机，寻求处理矛盾、化解冲突的策略；懂得改变自己以适应变化的环境，能拟定改变行为的计划，并在团体内公开承诺切实执行。

二、中小学团体心理辅导的中间目标

中间目标即是对总目标进行的分解，反映总目标的构成。中小学团体心理辅导的对象包括了大部分的正常学生和少数的异常学生，因此，中小学团体心理辅导的中间目标，从纵向上看可以分为矫治性目标、预防性目标和发展性目标。其中，矫治性目标主要是针对少数异常学生开展的有针对性的团体心理辅导，以治疗心理问题，矫正不良行为；预防性目标和发展性目标都是针对大多数正常学生开展的团体心理辅导，着眼于学生心理素质的提升、心理品质的完善和心理潜能的开发，同时预防学生心理障碍的发生。从横向上看，这三个纵向层次的目标又可以集中分解为认知、情意、个性、行为等不同领域。

矫治性目标、预防性目标和发展性目标这三者的关系，并不能简单地理解为一种并列的层次关系。如果把整个中间目标视为一种靶状结构的话，那么这三个层次的目标应当是呈一种环状递次排列并呈由内及外辐射的关系，即发展性目标是靶心，然后依次是预防性目标和矫治性目标，离靶心越近的目标越重要。如果击中了发展性目标，也就击中了其他两个目标，即发展就是最好的防治。而击中了其他两个目标，并不意味着一定能击中发展性目标。因此，发展性目标是最重要的目标。

中小学团体心理辅导是以发展性目标和预防性目标为主，以矫治性目标为辅的。它主要面向大部分的正常学生，以提高大部分学生的心理素质、开发学生的心理潜能、培养学生优秀的个性品质、预防学生心理疾病为首要任务，同时对少数异常学生开展有针对性的矫治辅导，及时治疗他们的心理问题，矫正其不良行为。

三、中小学团体心理辅导的具体目标

具体目标即中间目标在团体心理辅导开展中的进一步具体化，包括一般目标、特定目标、过程目标和年龄目标。

1. 一般目标

一般目标是指所有团体心理辅导都会包含的共同性目标，主要可概括为五项：

（1）通过团体成员间的人际互动，帮助团体成员更好地认识自我、悦纳自我，同时也增进对他人的理解。在团体心理辅导中，由于彼此间存在相互的沟通交流和人际互动，每一个成员都是其他成员的镜子，其他所有的成员也都可以成为自己的镜子。

团体成员可以借助其他成员的行为表现和其他成员对自己的反馈来作自我参照、比较，以此反思自我，促进自我探索，从而更全面准确地认识自我、悦纳自我。与此同时，也将心比心，站在他人的角度理解问题，从而更好地理解他人。

（2）通过团体内部的社会交往，帮助团体成员增强人际信任，掌握人际交往技巧，提高人际交往能力，促进心理成长成熟。人的心理发展是一个逐渐社会化的过程，需要在与他人的社会交往中不断成长成熟。许多心理问题的产生往往与社会适应不良有关，并且常常表现为人际关系不良，而长期人际关系的紧张往往又会进一步加剧心理矛盾冲突，使心理问题更加严重，形成恶性循环。

因此，学会与他人建立良好的人际关系，对于预防和缓解心理问题有着重要作用。而团体心理辅导则为团体成员提供了一个很好的社会化平台，通过团体心理辅导鼓励每一位团体成员改变封闭的性格，主动大胆地与他人交往，同时在交往中领悟和学习人际交往的技巧，提高人际交往能力，使心理得到发展和完善。

（3）沟通观念，交流思想，学习借鉴他人的优点，以加速提升自己的心理品质。一个苹果，如果与他人分享，只剩下半个；一种思想，如果与他人分享，却能彼此丰富。团体心理辅导过程中，不同的成员有着不同的背景和经历，对于同一个问题，不同的人也有着各不相同的看待角度，从而得出不同的观点和处理方式，这种多元化的观念和行为带给个体的冲击和碰撞，可以很好地扩大团体成员的视野，启发更多的领悟和灵感，从而开发潜能，完善心理机能。

（4）通过团体氛围引发共鸣，为团体成员提供社会支持。许多心理问题的产生，往往与外界刺激所引发的不良情绪有直接关联。例如突遭家庭变故或困难打击产生消极、悲观、无助、焦虑、抑郁等负性情绪，不知不觉地形成"自己是天下唯一的不幸者"的不良情绪，这种不良情绪长期得不到宣泄，就会引发心理问题。

团体心理辅导能够为遭受不幸的个体提供很好的倾诉和宣泄的平台，让个体在倾吐不幸的同时很好地宣泄了长久积压的不良情绪，获得其他团体成员的理解、同情和安慰，获得精神上的支持。个体甚至会发现，其他成员也曾经有过相同或类似的经历，大家彼此"同是天涯沦落人"，这种共同的感觉会让个体得到很大的心理安慰，具有心理治疗效果。另外，个体也可以学习借鉴他人对相同或类似遭遇的处理方法，从而及早解决心理问题。

（5）培养成员的归属感和安全感，增强集体观念、团队意识和合作精神。团体有一定的团体规范来约束团体成员的个体行为，每个成员在团体中都必须遵守共同的团体规范，从而齐心协力实现团体目标。如果违反了团体规范，那么个体就会成为团体中的"出头鸟"，承受团体其他成员的压力，迫使个体做出妥协或者离开团体。

这种团体约束力对于培养团体成员的集体观念和团队意识、加强自律性有着重要的作用。在团体压力的约束下，个体必须约束自己的行为，让个人目标与团体目标尽量保持一致，并且和其他成员共同合作来成功地完成团体目标，在此过程中，个体也获得了一种归属感和安全感。这对于团体成员适应社会环境有着重要的作用。

2. 特定目标

特定目标是指具有很强针对性的专题目标，其目的性十分明确具体。开展中小学团体心理辅导时，特定目标常常表现为各种各样的特定主题，例如缓解考试焦虑、掌握人际交往技能、增强自我意识、控制不良情绪，等等。

在中小学阶段，团体心理辅导特定目标或主题的确定必须紧紧围绕以下几个大方向：学习问题，如学习习惯、学习策略、应试心态与技巧等；情绪情感问题，如合理的情绪表达与宣泄、情绪自控力、异性情感等；生活问题，如学校适应、社会适应、青春期性心理等；自我意识，如自尊、自信、自我悦纳等；人际关系，如亲子关系、同伴关系、师生关系、异性关系等。这些特定目标或主题的团体心理辅导由于目标明确具体，可操作性很强，并且易于评估效果，因此在实际的团体心理辅导开展中运用较为广泛。

3. 过程目标

过程目标是指在团体心理辅导过程中的不同时期的阶段性目标，它是目标在团体心理辅导过程中的分阶段细化的目标，因此，它不是固定不变的，而是根据不同类型的团体心理辅导过程而确定。

4. 年龄目标

年龄目标是根据学生不同年龄阶段心理发展任务的不同来确定相应侧重点的目标，它体现了阶段性和连续性的统一。结合发展心理学原理和学校教育的实际，我们认为，各年龄阶段的团体心理辅导目标如下所示：

（1）小学低年级阶段：帮助学生适应新的环境、新的集体、新的学习生活，感受学习知识的乐趣；乐于与老师、同学交往，在谦让、友善的交往中体验友情；培养学生良好的学习习惯和行为习惯；发展学生的注意力、观察力、感觉统合能力、言语能力等智力因素。

（2）小学中、高年级阶段：帮助学生在学习生活中品尝解决困难的快乐，调整学习心态，提高学习兴趣与自信心；正确对待学习成绩，克服厌学心理，体验学习成功的乐趣，培养面临毕业升学的进取态度；培养团队意识，善于与更多的同学交往，培养自主、自动参与活动的能力；培养健全、开朗、合群、乐学、自立的健康人格；发展孩子的想象力、记忆力、思维能力、动作能力等智力因素。

（3）初中阶段：帮助学生适应中学的学习环境和学习要求；培养正确的学习观念，发展其学习能力，改善学习方法；了解和悦纳自己，学会克服青春期的烦恼，逐步学会调节和控制自己的情绪，抑制自己的冲动行为；加强自我认识，客观地评价自己，积极与同学、老师和家长进行有效的沟通；逐步适应生活和社会的各种变化，培养对挫折的耐受能力；克服考试焦虑，以良好的心态面对各种考试，并能根据自己的实际情况把握好升学的方向。

（4）高中阶段：帮助学生培养适应学习环境的能力，尽快调整心态，找到自己的合理定位；发展创造性思维，充分开发学习潜能，在战胜困难、取得成绩的学习生活中获得积极的情感体验；正确认识自己的人际关系状况，在合作与竞争中建立对他人的积极的情感反应和交往方式；帮助学生建立正确的恋爱观、择偶观、婚姻观、幸福观，树立责任意识，正确对待和异性伙伴的交往，处理好学习与情感的关系；提高承受挫折和应对挫折的能力，形成良好的意志品质；帮助学生提高学习监控能力，改善学习策略，管理学习时间，调整学习心态，提高学习效率；在了解自己的能力、特长、兴趣和社会就业条件的基础上，确立自己的职业志向，进行升学与就业的选择和准备。

第三章　中小学团体心理辅导的内容

　　中小学团体心理辅导，根据其辅导方面的不同而应该有不同的内容。因此，心理辅导教师需要明了中小学团体心理辅导都涉及哪些方面，也就是中小学团体心理辅导都有哪些类型。其辅导内容的确定，要根据辅导类型的特点，有针对性地把握。

　　另外，必须指出的是，中小学团体心理辅导的内容的选择与确定应服从于中小学团体心理辅导的目标，既要根据不同年龄阶段的学生选择适合不同心理发展水平的团体心理辅导内容，又要紧密联系学生学习生活，尽可能全面地设计辅导内容。

第一节 中小学团体心理辅导的类型

根据不同的标准，可以把中小学团体心理辅导分成不同的类型。下面就按照团体心理辅导的功能、是否有计划性、成员是否固定、成员背景的相似程度和成员参与的动机分别进行分类，并对各种分类下的具体心理辅导的内容进行介绍。

除了这些分类方法外，中小学团体心理辅导还可以按照所依据的理论和方法、依据涉及的内容来进行分类，由于篇幅较长，我们在后两节再进行详细的介绍。

一、按照团体心理辅导的功能分类

1. 发展性团体心理辅导

发展性团体心理辅导，又称为成长性团体心理辅导，它最主要的目的是通过团体心理辅导来促进团体成员的心理成长和成熟，激发自我潜能，从而不断提高心理素质，完善心理品质。

发展性团体心理辅导是在中小学团体心理辅导中运用最为广泛的类型，它注重通过团体心理辅导，让团体成员的不良情绪得到充分的宣泄，并鼓励其他团体成员提供情感支持来提高团体成员的归属感，促进团体成员的自我探索、自我认识和自我悦纳，同时也增强对他人的认识，从而促进心灵的成长，以更好地适应社会生活。

发展性团体心理辅导适用范围广泛，尤其适用于促进学生的心理成长成熟，开发学生心理潜能，或者提高学生的社会适应能力。具体形式有：自我成长工作坊、会心团体心理辅导等。

2. 训练性团体心理辅导

训练性团体心理辅导的主要目的是在团体氛围和团体环境下协助团体成员充实生活知识和能力，改变旧的不适应环境的行为，学习并建立起新的适应环境的行为。

它与发展性团体心理辅导最大的不同在于：发展性团体心理辅导侧重于促进团体成员心理成长的完善，而训练性团体心理辅导侧重的是帮助团体成员认识并改变自己的旧的不适应的行为，建立新的适应的行为，它尤其重视团体成员人际交往技能的学习和提高。

例如，一个希望得到众人欣赏的团体成员，就可以借助训练性团体心理辅导来更好学习要如何表现自己才能赢得众人的欣赏。他可以在团体中先向他人展示自己认为能够得到他人欣赏的行为，然后借助他人的反馈检验其正确性，或者也可以选择做出相反的行为，看看效果是否适得其反。通过这种团体情境中的实践和反馈分析，团体成员能够更准确地认清自己的行为，从而更好地改变不适应行为，学习新的适应行为。

训练性团体心理辅导的人数一般在 10 ~ 20 人，形式有人际关系训练团体、身心松弛工作坊、人际敏感训练团体等。

3. 治疗性团体心理辅导

治疗性团体心理辅导主要侧重通过团体心理辅导来治疗团体成员的某些心理问题，如一些不良情绪（焦虑、抑郁、恐惧等）或者行为异常等，它主要体现了团体心理辅导的治疗功能。

治疗性团体心理辅导较为注重团体成员早期经验和潜意识因素的解析，同时利用团体气氛和团体环境能提供的情感宣泄平台、情感支持氛围等治疗性因素来重组团体成员行为，完善团体成员人格。因此，对治疗性团体心理辅导的专业性要求比发展性团体心理辅导和训练性团体心理辅导要更为严格。

在中小学团体心理辅导中，治疗性团体心理辅导也是不可缺少的一部分，尤其是对于一些不良行为的矫正、不良情绪的治疗有着重要的作用。具体形式有：悲伤治疗团体、马拉松团体、心理剧工作坊等。

二、按照团体心理辅导是否有计划性分类

1. 结构性团体心理辅导

结构性团体心理辅导是事先充分计划安排好辅导目标和辅导内容，然后按照一定的程序步骤来实施的团体心理辅导。在结构性团体心理辅导中，团体成员各自的角色明确，身份确定，尤其团体领导者的角色和作用突出，担负着引导团体心理辅导开展的任务，起着指导性的作用。

各团体成员通常在领导者的引导下参与团体心理辅导，其学习的内容范围和方向通常限制于实现计划好的主题和结构，而整个团体心理辅导过程的程序步骤、气氛也通常被事先设计好，例如开始以暖身活动切入，营造良好的团体氛围，而后再由浅入深地逐步展开学习内容，以确保团体成员得到最好的学习效果。

结构性团体心理辅导的优点是通常能够较快地让参与者融入团体，减少参与者的焦虑紧张等不良情绪，在一定程度上提高团体心理辅导的效率和成功率。但是团体成员的自主性和自由度受到一定限制。因此结构性团体心理辅导更适合心智尚未完全成熟的青少年团体，是中小学团体心理辅导中的主要类型。

2. 非结构性团体心理辅导

非结构性团体心理辅导不采用预先计划安排好的固定内容和程序开展辅导。非结构性团体心理辅导的弹性很大，不仅辅导内容和步骤没有任何限制，完全依赖团体成员彼此的互动来自由地引发出任何可能的学习内容和材料，而且团体成员的身份和角色也不明确固定，任何人都可以提出自己的观点、建议来影响团体学习的内容和方向，团体领导的作用并不突出，只起着非指导性的催化、支持作用。

非结构性团体心理辅导有利于充分发挥团体成员的自主性，但是存在一定的失败的风险性，通常适合于年龄稍长、心智更为成熟、人际沟通能力更强的团体，因此，它在中小学团体心理辅导中运用不多。

三、按照团体心理辅导成员是否固定分类

1. 开放性团体心理辅导

开放性团体心理辅导的团体成员不固定，团体成员的加入或者退出完全由成员自己的需求和个人情况决定。开放性团体心理辅导最大的特点就是人员流动性大。也正是由于人员流动频繁，可以给团体带来更多元、更频繁的刺激，使团体成员接触面更为广泛，学习的知识和机会也更多，但由于过于频繁的人员变动不利于团体凝聚力和团体信任度的提高，也影响团体心理辅导效果的稳定性，因此它并不是中小学团体心理辅导的主要类型。

2. 封闭性团体心理辅导

封闭性团体心理辅导与开放性团体心理辅导相反，其团体成员从团体心理辅导开始到结束都保持固定不变，团体成员间的熟悉程度高，团体凝聚力和信任度也相对较高，团体成员更容易产生归属感。封闭性团体心理辅导有助于培养团体成员的人际信任感和团体归属感，并且有着相对稳定的辅导效果，比较适合中小学团体心理辅导，是中小学团体心理辅导的主要类型。

四、按照团体心理辅导成员背景的相似程度分类

1. 同质性团体心理辅导

同质性团体心理辅导是以同质性团体成员为对象来开展团体心理辅导的，其团体成员的年龄、文化程度、心理水平、家庭背景、生活经历十分接近，并且所求助的心理问题也十分相似。

同质性团体成员由于各方面条件和经历都十分相近，因此容易引发共鸣，成员彼此之间容易相互理解、相互沟通，能够更快地得到关心和情感支持，并且能够学习借鉴他人对类似问题的解决经验，从而更快地产生团体心理辅导效果。具体应用形式如学习焦虑调适工作坊、人际关系改善团体心理辅导等。

2. 异质性团体心理辅导

异质性团体心理辅导针对的团体成员在年龄、文化程度、心理水平、家庭背景、生活经历乃至求助问题上都不尽相同，背景差异较大，成员情况复杂。异质性团体内部成员常常因为背景差异较大而很难较快地融入团体中，也不容易很好地沟通交流和彼此互信，团体凝聚力较低，因此需要团体领导者有较高的领导能力和技巧。

异质性团体心理辅导的优势在于能够为团体成员提供完全不同的个案和问题，并且针对同一个个案或问题能够获得不同角度的观点和多元的解决方法，使求助者能够在多元化的观点和解决方法中得到启发，加速心理的成长。异质性团体心理辅导有着自己的应用价值，尤其适用于创新思维的培养，具体形式如头脑风暴等。

五、按照团体心理辅导成员参与的动机分类

1. 志愿性团体心理辅导

志愿性团体心理辅导一般是个人有较强的参与意愿，主动要求加入团体，并不是受外部压力才被迫加入团体的。志愿性团体成员由于有着较强的参与动机，能够很好地配合团体活动的安排和开展，参与积极性也更高，个人投入的精力也更多，通常收获也更大。

因此，中小学团体心理辅导应尽量以志愿性团体心理辅导为主，一般不强迫学生来接受心理辅导，如果学生是受家长或教师要求前来参加辅导的，也要积极和学生沟通交流，尽量地把非志愿性团体心理辅导转化成志愿性团体心理辅导，以提高辅导的效果。

2. 非志愿性团体心理辅导

非志愿性团体心理辅导的成员不是因个人需求自己主动要求参与团体心理辅导的，一般是受外界强迫或者受到团体邀请被动加入的。非志愿性团体的成员由于参与动机较弱，消极被动，防卫心较强，对团体领导、成员和团体活动有一定排斥反应，因此团体凝聚力通常不高，团体心理辅导的效果通常不如志愿性团体心理辅导，它一般针对治疗性团体等，例如违规学生治疗团体、酗酒学生治疗团体等。

第二节　依据理论和方法进行的分类

中小学团体心理辅导，按照所依据的理论和方法来分类，主要分为精神分析团体心理辅导、行为主义团体心理辅导、认知—行为团体心理辅导、会心团体心理辅导、阿德勒团体心理辅导、现实团体心理辅导、心理剧团体心理辅导和家庭团体心理辅导。

一、精神分析团体心理辅导

精神分析团体心理辅导是精神分析理论在团体心理辅导中的运用，它以精神分析理论为指导来解释心理问题（如神经症、人格障碍等）和心理辅导中的现象（如移情、阻抗等），并运用精神分析的方法和技术（如自由联想、梦的解析等）来挖掘成员潜意识层面的内心冲突，引导其把种种被压抑了的冲动和愿望上升到意识层面来加以认识和领悟，从而消除心理问题。

开展精神分析团体心理辅导时，人数不宜过多，一般 5～10 人较为合适，每周 1～2 次，每次 1～2 小时，团体成员在指导者的引导下自由沟通，畅谈自己的问题和感受，然后指导者进行心理分析并引导成员自我分析，领悟自己潜意识层面的内容。

精神分析团体心理辅导对指导者的专业性要求较高，指导者需要有很好的引导技巧和心理分析能力，准确地解释成员无意识层面的内容并揭示其心理问题产生的潜意识原因，才能使精神分析团体心理辅导收到良好的效果。一般而言，精神分析团体心理辅导比较适合神经症（如焦虑、抑郁、恐惧等）和人格障碍的治疗。

二、行为主义团体心理辅导

行为主义团体心理辅导的指导理论是行为主义理论，按照行为主义理论的观点，所有的人类行为都是在后天的社会环境中习得的，它可以通过重新学习而得到改变或消退。同样，行为主义的团体心理辅导认为，团体成员的不适应行为或者各种心理问题是后天社会环境造成的，它可以通过行为矫正方法和技术来得到矫正或消退。

行为主义的团体心理辅导具备以下四个特征：

1. 用具体的行为主义的术语阐述问题，并确定治疗目标；
2. 所有的方法与技术都是针对成员的外部行为或症状本身；
3. 对适应不良行为和新行为进行客观的测量与评定；
4. 采用学习原则促进团体成员的行为变化。

行为主义团体心理辅导能够为团体成员改变其旧的不适应行为提供一个很好的社会环境，通过团体气氛、团体压力以及团体其他成员的鼓励和反馈更好地强化行为矫正和治疗效果。在中小学团体心理辅导中，行为主义团体心理辅导有很高的实用价值，适用于各种不适应行为、神经症和各种心理问题，例如考试焦虑、社交恐惧等。具体的辅导方法有团体放松训练、团体系统脱敏、角色扮演等。

三、认知—行为团体心理辅导

认知—行为团体心理辅导是认知—行为疗法在团体心理辅导中的运用，它主要以美国临床心理学家埃利斯于 20 世纪 50 年代创立的合理情绪疗法为代表的认知—行为疗法为指导，在团体情境下通过改变求助者错误的观念、思维方式及不良情绪等来减轻或消除心理问题或行为问题。

合理情绪疗法的基本理论主要是 ABC 理论，在 ABC 理论模式中，A 是指诱发性事件，B 是指个体在遇到诱发事件之后相应而生的信念，即他对这一事件的看法、解释和评价，C 是指特定情景下，个体的情绪及行为的结果。

通常人们会认为，人的情绪的行为反应是直接由诱发性事件 A 引起的，即 A 引起了 C。ABC 理论则指出，诱发性事件 A 只是引起情绪及行为反应的间接原因，而人们对诱发性事件所持的信念、看法、解释，也就是 B，才是引起人的情绪及行为反应的更直接的原因。合理的信念会引起人们对事物适当、适度的情绪和行为反应；而不合理的信念则相反，往往会导致不适当的情绪和行为反应。人们坚持某些不合理的信念，长期处于不良的情绪状态之中时，最终将导致心理障碍的产生。因此，人们可以通过改变不合理信念来消除心理障碍。

认知—行为团体心理辅导可以在团体情境中，借助团体其他成员的反馈来更好地帮助求助者认清自己在信念、思维方式或归因方式等方面的偏差，并认识到正是这种偏差导致了不良情绪乃至问题行为的产生，从而在团体的帮助鼓励下更好地改变不合理认知和情绪，消除心理问题和行为问题。认知—行为团体心理辅导的具体方法和技术有：与不合理信念辩论、合理情绪想象、角色扮演、认知家庭作业等。

四、会心团体心理辅导

会心团体心理辅导是美国人本主义心理学家罗杰斯把个人中心疗法理论运用在团体心理辅导上的成果。罗杰斯认为团体心理辅导能够营造出信任、理解、真诚、融洽的咨询气氛和咨询关系，这有助于提高心理辅导的效果，于是便创立了会心团体心理辅导。

会心团体的目的是通过团体气氛的营造和团体内部良好关系的建立，鼓励求助者在团体中解除心理防御机制，如实地探索和认识自我内心的真实情感，提高自我意识和责任意识，发挥自我调节和适应环境的潜在能力，解决心理和行为问题。

会心团体的原则是从"以个人为中心"发展而来的"以团体为中心"。会心团体心理辅导中成员相互尊重、信任，建立起来的良好关系可以使参加者降低社会屏障，不受防御机制阻抑地揭示自己最核心的情感，即真实的自我。

团体指导者与参加者积极地鼓励其他人表达自己的真实情感，显露出那些平时从未表露出的态度，使每一个成员都被其他人如实地看待，并从其他成员的反应中得到关于自己的肯定或否定的反馈,以便真正地认识自我。

会心团体心理辅导在中小学团体心理辅导中有很强的实用性,应用广泛,可以提供良好的团体气氛和咨询关系,促进学生的自我探索,更好地认识自我、认识他人,提高人际沟通和交往能力,从而调动自己的心理潜能来解决自身的问题。

五、阿德勒团体心理辅导

阿德勒团体心理辅导是奥地利心理学家阿德勒创立的个体心理学理论在团体心理辅导中的运用。在阿德勒看来,各种心理问题或障碍都是生活的失败,是由于错误的生活风格导致的。而错误的生活风格之所以产生,是由于个人专注于夸大了的个人优越感并缺乏足够的"社会兴趣"。

如果一个人缺乏对社会的兴趣和与他人的合作精神,而自己的生活目标又遇到困难不能达到,人的心理就不平衡、不正常了。阿德勒的治疗方式就是通过分析求助者的生活风格,帮助求助者提高社会兴趣,面对现实,作出新的生活选择。

在阿德勒团体心理辅导中,通过团体气氛和团体内部的积极互动,促进团体成员正确认识自己,并且重新培养起团体成员积极的"社会兴趣",增强其团队精神和合作意识,从而建立新的心理平衡,解决心理问题。阿德勒团体心理辅导对社会适应问题、行为适应问题等都有很好的治疗效果。

六、现实团体心理辅导

现实团体心理辅导是现实疗法在团体心理辅导情境中的运用。现实疗法是由美国心理治疗学家格拉瑟于 20 世纪 60 年代创立的。现实疗法认为人之所以有心理疾病,是因为患者没有面对现实,缺乏负责任的态度,因此现实疗法强调当事人的责任和力量,强调人必须面对现实,重视当前的行为,协助当事人拟定明确的行为改变计划并切实执行,以关怀和尊重为基础建立彼此的信任关系,强调当事人自身的优点和潜能,帮助他发展成功认同经验。

现实疗法把重点放在改善现在的关系——也就是帮助当事人去讨论他现在生活中的一些关系，以及他愿意通过什么样的努力来为已经遭到破坏的关系做努力。把现实疗法运用于团体心理辅导中，可借助团体气氛帮助求助者正视现实，认清自己的责任，并得到团体其他成员的尊重和认同，以发展成功的认同经验，从而作出积极的改变。

七、心理剧团体心理辅导

心理剧团体心理辅导是由美国心理学家莫雷诺在 20 世纪 20 年代创立的一种团体心理辅导与治疗形式，由求助者将自己的心理问题通过表演的方式展示出来，表达出自己的内心感受，从中培养、提高自己的洞察力，借此走出困境，实现自我整合和人际关系和谐。心理剧是一种以现实生活为模式的团体心理辅导方式，它以特殊的戏剧化形式，让参加者通过演出这个角色，体验到一些以前没有意识到的情感和态度，并达到宣泄情绪、减轻压力的目的。

心理剧广义上可以分为两类。一类是不公开的针对个体的创伤治疗的心理剧，在这类心理剧中，求助者通常扮演某一针对性的角色，咨询者扮演其他角色，通过角色扮演让求助者体会角色的情感与思想，从而改变自己以前的行为习惯。另一类是可以公开的公益性的心理剧，可以进行公开表演，如在中小学团体心理辅导中常常应用的校园心理剧。

校园心理剧把学生在生活、学习、交往中的冲突、烦恼、困惑等情况，以小品表演、角色互换、情景对话等方式编成小剧本进行表演。剧中融入心理学的知识原理和技巧，学生表演的都是发生在他们身边的熟悉的事，从中体验心理上的细微变化，领悟其中的道理。

校园心理剧往往抓住日常生活中的一些心理问题，通过夸张的艺术表现形式，让学生用自己的语言达到思想上的碰撞、心理上的共鸣，在轻松、自然的氛围中，实现团体心理辅导的效果。但是应该注意的是，心理剧的演出需要遵循一个原则，那就是要在有经验的指导者的指导下才能演出。心理剧如果运用不当可能会对心理剧的参与者造成伤害。

八、家庭团体心理辅导

家庭治疗是团体心理辅导治疗的一种形式，其特点是把焦点放在家庭各成员之间的人际关系上，通过在家庭成员内部促进谅解，增进情感交流和相互关心的做法，使每个家庭成员了解家庭中的病态情感结构，以纠正其共有的心理病态，改善家庭功能，产生治疗性的影响，达到和睦相处、正常发展的目的。

家庭治疗由麦尔首创，他认为一个人一生中每个阶段的心理发展与其家庭影响有着密切的关系，家庭中每个成员的个性、价值观以及对社会的适应模式等都是在家庭环境的熏陶下形成的。家庭成员之间密切交往，互相产生正性的和负性的影响。家庭功能不良，诸如家庭领导功能不良、家庭界限不清、外人插入、家庭内部互相折磨、家庭关系扭曲、单亲家庭、重组家庭、寄养家庭、家庭松散、互不关心以及家庭沟通模式不同等，都会使所有家庭成员在不同程度上卷入家庭纠纷，从而导致各种病态情感和行为障碍。

家庭治疗就是专门针对家庭成员间的病态关系，通过改善病态的家庭人际关系来改善和矫正各种心理问题和行为障碍。家庭治疗的参加对象不仅是求助者本人，凡与家庭功能紊乱有关的成员都要参加，甚至可包括一些有关的社会成员，如朋友、医师、监护人等。要克服参加人员的顾虑和阻力，如怕家丑外扬、互相抱怨、家庭被社会歧视等。

进行家庭治疗时必须坚持三个基本原则：

1. 必须针对整个家庭成员，进行集体治疗，纠正共有的心理病态；

2. "确诊的患者"所存在的问题只不过是症状而已，其家庭本身才是真正的患者；

3. 家庭治疗的任务在于使每个家庭成员了解家庭病态情感结构，改善和整合家庭功能。

家庭治疗需要家庭成员的配合，同时对心理辅导人员的专业要求也较高，它对中小学生因亲子关系紧张以及其他家庭原因造成的心理障碍有较好的治疗效果。

第三节　依据涉及内容进行的分类

中小学团体心理辅导，按照所涉及的内容来进行分类，主要包括人格团体心理辅导、学习团体心理辅导、生活团体心理辅导和职业心理团体辅导。

一、人格团体心理辅导

人格团体心理辅导是运用团体心理辅导的方法来促进学生人格的健康发展和社会适应能力发展，内容主要包括自我意识团体心理辅导、情绪团体心理辅导、性心理团体心理辅导、价值观团体心理辅导等方面。

1. 自我意识团体心理辅导

自我意识是个体对自己情况的认识和体验，包括对自己的生理状况、心理状况以及自己与他人关系状况的认识。从结构上来看，自我意识分为自我认识、自我体验、自我控制三个层面。自我意识团体心理辅导就是通过开展团体心理辅导，让学生全面地认清自我，悦纳自我，形成良好的自尊心理，克服自卑、自负等心理障碍。

2. 情绪团体心理辅导

情绪与人的身心健康紧密相连，良好的情绪状态是心理健康的重要标志，不良的情绪状态会损害人的身心健康，降低学习、工作效率，影响学习、工作的质量。情绪团体心理辅导就是运用团体心理辅导的理论和技术，引导学生正确认识、接纳自己和他人的情绪，恰当地表达、宣泄和控制自己的情绪，预防不良情绪（焦虑、抑郁、恐惧等）的危害。情绪团体心理辅导的辅导技术多种多样，如集体系统脱敏、角色扮演、集体放松训练等，可以根据实际情况选用其中一种或几种来实施。

3. 性心理团体辅导

性心理团体辅导是在团体情境中，运用团体心理辅导的技术来帮助学生更好地了解男女性别角色的差异，认识并接纳自己的性别，培养成熟健康的性心理。中小学生要经历青春期的性意识的觉醒，对于性，表现出好奇、朦胧而渴望了解的心理，在这个过程中，性心理团体辅导可以有效地帮助学生掌握更多的两性知识，正确地引导学生的性心理朝着健康方向发展。性心理团体辅导涉及的内容包括性别角色的认同、性自我保护、性道德观、性心理卫生、异性交往技巧等方面，具体技术有性别角色互换、性别心理剧等。

4. 价值观团体心理辅导

价值观团体心理辅导培养学生积极向上的、健康的价值观。社会主义社会需要的人才不仅是有才华和能力的，更应该是德才兼备的，这就要求学校在注重培养学生各方面能力的同时，更要注重培养学生正确的价值观，其中价值观团体心理辅导是一种很好的途径，因此需要引起心理健康教育工作者的注意。

二、学习团体心理辅导

学习团体心理辅导是运用团体心理辅导的方法和技术培养学生浓厚的学习兴趣，养成正确的学习态度和良好的学习习惯，掌握有效的学习方法，矫正不良学习心理和行为。

学习团体心理辅导的目标主要包括：

1. 培养学生浓厚的学习兴趣，激发学生的学习动机；

2. 帮助学生形成正确的学习态度和良好的学习习惯；

3. 帮助学生掌握有效的学习方法，树立学习自信心；

4. 促进学生自学能力的发展，适应学习环境；

5. 矫正学生不健康的学习心理和行为，消除学习中的苦恼和困惑。具体的方法有头脑风暴、集体系统脱敏法、团体目标激励法等。

三、生活团体心理辅导

生活团体心理辅导是通过团体心理辅导的技术和方法来培养学生健康的审美观和生活情趣、积极向上的生活态度和良好的生活方式。现代的学校教育不仅要让学生学会学习，还要让学生学会生活、学会做人，因为学习本身就是为了能更好地生活，如果只会学习而不会生活，那将和不会学习一样无法适应社会。生活团体心理辅导是学校团体心理辅导的一个重要组成部分，它主要包括休闲心理辅导和消费心理辅导两个部分。

1. 休闲心理辅导

休闲是个体利用工作或学习任务完成后的闲暇时间进行的活动。健康积极的休闲方式能够很好地放松身心，消除学习和工作带来的疲劳，并且能提高文化素养和陶冶情操，促进个体身心的发展。健康的休闲方式离不开正确健康的休闲观念和休闲心理，休闲心理辅导主要应培养学生正确的休闲观念与态度，掌握必要的休闲知识与技能，形成正确的休闲行为。

2. 消费心理辅导

消费心理辅导主要是为了培养学生形成健康的消费观念和消费行为，促进学生的健康成长。当前中小学生中存在不少不恰当的消费观念和消费行为，如盲目攀比心理导致的高消费、盲目消费、重物质消费轻精神消费等现象在中小学校园屡见不鲜。这种不合理的消费观念和消费行为不利于学生心理的健康成长，容易引发一些心理问题。

因此，合理地引导学生树立正确的消费观念，培养形成健康合理的消费习惯和消费方式，是消费心理辅导的主要目的。具体而言，消费心理辅导的内容主要是通过一些团体心理辅导，帮助学生掌握消费的基本知识，认识和树立正确合理的消费动机和观念，培养学生养成良好的消费习惯。

四、职业心理团体辅导

职业心理团体辅导是运用团体心理辅导的方法和技术，帮助学生了解职业以及自己的职业能力、职业兴趣和职业个性，树立职业理想和职业道德，从而更好地选择、准备和安置职业，获得职业上的成功。

在我国，除了几个试点学校的实验，现在还没有系统的中小学职业生涯教育，学生和家长普遍缺乏生涯教育的知识，甚至连这个概念都不知道。个体在 18 岁之前将形成自己的人生观和世界观，其中就包含发展职业想象能力、培养职业兴趣和能力等内容，所以基础教育阶段，尤其是中学阶段是个体生涯发展的重要阶段，错过这个关键时期会对学生造成不可弥补的损失。按美国著名精神病医师埃里克森的社会发展理论观点，中小学生正处于青少年时期，尤其是对于高中生来说，正处于一个同一性混乱阶段，因而以社会发展的视角观之，在此时期对其进行生涯辅导，促进其自我概念的同一性发展势在必行。

第四节　辅导的内容架构和原则

按照各种分类方式对团体心理辅导进行分类后，我们发现，一些团体心理辅导的方法比较适合于在中小学生中使用，且能收到较好的效果；而有一些团体心理辅导方法则不是很适宜中小学生。也就是说，中小学团体心理辅导的内容，必须根据学生的心理发展水平，紧密联系学生的学习生活，尽可能合理地设置团体心理辅导的内容。

在内容选择上，主要应坚持问题性、活动性、时代性的原则，紧密联系学生生活实际，以当前中小学生最关心、最需要解决的心理发展问题和需求为着眼点，注重时代性，及时更新团体活动内容，结合学生生活的热点，使团体心理辅导富有时代感。

一、中小学团体心理辅导的内容架构

根据不同年龄阶段确定中小学团体心理辅导的内容，大体上可以分成小学、初中、高中三个阶段，每个阶段都有每个阶段的侧重点。

1. 小学阶段

认识自我，如学生角色意识，认识自己的优缺点，性别角色意识，自我保护方法；认识他人，如怎样交朋友，什么是理解、原谅、宽容和信任，处理与同伴人际冲突的方法，集体意识和集体责任感；学校适应，如认识校园环境和校园生活、集体生活适应、学校课程适应、学校规则适应；人格培养，如诚实、自立、合作、勤劳、奉献、爱国、爱校；学习能力和习惯，如专心听讲，学习兴趣培养，学习成功体验，基本学习策略、应考策略；情绪情感，如应对挫折方法，如何适当表达自己的情绪情感，调整情绪的方法；生活习惯，如时间观念、卫生习惯、正确消费观；生命教育，如热爱生命、什么是死亡等。

2. 初中阶段

自我探索与了解，如自我形象认同，理想我与现实我的认识和统一，克服自卑，自我情感世界的把握，个性、兴趣、爱好的自我认识与心理健康自我认识，成就意识，竞争意识，合作意识，心理调节，挫折应对方法；人际关系处理，如同伴关系、师生关系、亲子关系、异性交往；情绪管理，如进一步学会情绪表达和调控能力，情绪压力的应对与缓解；思想教育，如世界观教育、人生观教育、价值观教育；智力开发指导，如学会观察，善于记忆，展开想象，学会思考，学习技能；创新能力，如培养创新精神和创新能力，挖掘创新潜能等。

3. 高中阶段

自我发展与实现，如潜能的自我认识和开发，自我的面对与战胜，自我同一性的实现，全面的自我再认识，自我管理、自我激励、自我监控；学习能力发展，如学习策略的掌握和运用，学业压力的缓解，应试心态与技巧；人际交往，如改善人际关系的技巧，对自己言行负责，家庭责任感的培养、社会责任感的培养；智力开发，如辩证地看待问题，创新意识的强化，创新思维的培养，创新能力的发展提高；成功指导，如激发成就动机，创业就业的指导，升学准备，了解职业状况与趋势，职业规划、职业设计。

进一步还可以根据每个年级确定更加细化的团体心理辅导内容，以使团体心理辅导更具针对性。

二、中小学团体心理辅导的一般原则

中小学团体心理辅导是团体心理辅导中的一种，因此要服从团体心理辅导的一般原则。

1. 民主的原则

民主的原则有助于促使团体保持轻松而有序的气氛，增强团体的凝聚力。团体指导者应以团体普通一员的身份，尊重每一位参加者，并参与团体活动，鼓励成员发挥自己的创见，与他人平等沟通，共同关心团体的发展。

2. 共同的原则

团体心理辅导是针对成员共有的问题而组织的。团体辅导进展过程中始终要注意成员共同的志趣和共同的问题，使个人与团体相互关注，保持共同的信念、共同的利益和共同的目标。例如，人际关系团体心理辅导活动的参加者都有学习和他人相处的技巧的共同愿望。

3. 启导的原则

团体辅导的根本任务是助人和自助。在团体心理辅导过程中，应本着鼓励、启发、引导的原则，尊重每个人的个性，鼓励个人发表意见，重视团体内的交流与各种反应，适时地提出问题，激发成员思考，培养成员分析问题与解决问题的能力。

4. 发展的原则

在团体辅导过程中，指导者要以发展变化的观点看待团体成员的问题，以发展变化的观点把握团体的过程。不仅要在问题的分析和本质的把握上善用发展的眼光做动态考察，而且在对问题的解决和咨询结果的预测上也要具有发展的观点。

5. 综合的原则

团体辅导的理论、方法、技术种类繁多，只局限于某种理论和方法往往难以使团体辅导获得满意的效果。指导者应了解各种理论和方法，根据团体辅导的任务和性质，综合选取有效的技术，以达成团体辅导的目标。

6. 保密的原则

尊重每一个团体成员的权利及隐私，是团体辅导中必须坚持的基本原则。在团体辅导过程中，团体成员出于对团体指导者和其他成员的高度信任，或者被团体真诚、温暖、理解的气氛深深感染，而把自己不为人所知的隐私全部暴露出来，从成长及治疗的角度讲是非常有意义的。但是如果指导者或其他成员有意无意地议论个人的隐私，便会给暴露者带来伤害，也会损害团体辅导的形象。

保密的原则要求指导者在团体心理辅导开始时便向全体成员说明保密

的重要，并制订保密规则要求大家遵守，不在任何场合透露成员的个人隐私。如果需要研究或发表研究成果，必须征得当事人同意，并隐去真实姓名，确保当事人的利益不受损害。但保密不是绝对的，当当事人的情况显示确实处在危险边缘或危及他人时，应采取措施，通知有关人员或组织，或向其他专业人员请教。从根本上讲，采取措施是为了保护当事人的利益。

三、中小学团体心理辅导的独特原则

学校心理健康教育的一个重要组成部分，因此必须服从学校心理健康教育的原则。但是，中小学团体心理辅导也有其自身的特点，其辅导对象是针对不同年龄阶段和不同心理发展水平的青少年，辅导具有长期性、延续性，辅导方式和手段也更具多样性，这些特点决定了中小学团体心理辅导也需要遵循自己独特的原则。

1. 发展性目标为主，防治性目标为辅

发展性目标是学校心理健康教育的核心目标，中小学心理健康教育要以发展性目标为主，主要是由其辅导对象决定的。中小学生正处于身心不断发展变化的阶段，特别是心理不断发展成长，这让他们很容易遭遇成长中的各种困惑和烦恼，而这些心理困惑和烦恼大部分会随着年龄和心理的不断成长成熟而逐渐得到解决，因此，学校心理健康教育工作就必须坚持在心理成长和发展中解决问题的理念，在实施过程中坚持以发展性目标为主，同时兼顾防治性目标。

作为学校心理健康教育工作的一部分，中小学团体心理辅导也同样需要突出发展性目标，通过促进学生的心理成长和成熟，来解决大部分的心理问题。另外，在以发展性目标为主的同时，也需要兼顾预防和治疗的目标，全面提升中小学生的心理素质。

2. 系统性和针对性相结合

这是由中小学团体心理辅导工作的延续性特点和对象的个体差异性所决定的。中小学团体心理辅导是一项具有延续性的工作，需要从小学延续到初中乃至高中，持续时间长达十余年，同时中小学生的身心都在不断发

展变化中，每个学生的发展速度和水平也各不相同，造成了身心发展的个体差异。

这就要求团体心理辅导教师在开展学校团体心理辅导工作时，必须坚持系统性和针对性相结合的原则，既要对辅导的目标、内容有一个全盘的系统规划，针对不同年龄阶段的学生制订相应的阶段性辅导目标和内容，使团体心理辅导具备较好的延续性，同时又要针对不同心理发展水平的学生制订相应的辅导目标和内容，以适应个体间的差异。

3. 问题与经验相结合

中小学团体心理辅导是以学生的兴趣、动机、经验为核心的，其目标和内容也应当来源于学生的经验和成长需要。而解决学生在成长中的发展性问题是中小学团体心理辅导的重要任务。经验和问题在中小学团体心理辅导中相辅相成，一方面，学生心理问题的解决要以经验为中介，另一方面，经验也是学生发现问题的工具。

因此，中小学团体心理辅导应当把问题与经验紧密结合起来，让学生通过各种形式的团体活动来获得丰富的经验，并引导学生把这些直接经验与自身遇到的问题联系起来，尝试加以解决；学生在尝试解决心理问题的过程中往往又会获得一些经验，从而促进其对心理问题的解决，形成良性循环。

第四章　中小学团体心理辅导的模式

　　团体心理辅导的心理教育模式，不仅能够节约时间、提高效率，而且它是在辅导者的指导下，向所有参与者提供一个坦诚、相互信任和安全的多维人际互动的环境，使参与者在群体互动条件下亲自体验认识和解决自己的问题，学会掌握多种正确的社会交往规则和技能，形成健全的心理和人格。

　　就中小学的团体心理辅导模式来说，一般地不外乎行为主义、心理分析和人本主义这几种模式，或者是这些模式的综合运用。

第一节　行为主义团体心理辅导

20世纪50年代，行为治疗开始兴起。美国心理学家拉扎勒斯首先将行为疗法应用于集体心理辅导，受到高度的重视。之后，越来越多的学者如罗斯、埃德尔森、谢尔登等将行为主义的方法运用于团体心理辅导，并取得满意的效果。于是，行为主义团体心理辅导渐渐成为团体心理辅导的一种重要模式，不仅适用于存在心理适应问题的人，也适用于正常的人，被广泛地运用于学校教育当中。

行为主义团体心理辅导的指导者，其运用的干预技术多来源于社会学习理论，这种团体辅导不同于以往的传统的行为主义取向，而是整合认知因素，形成一种侧重认知—行为的团体心理辅导模式。现在，认知—行为取向代表着当代行为疗法的主流，认知与行为取向的团体心理辅导已经成为当今世界最灵活有效的心理辅导模式之一。

一、行为主义的主要原理

行为主义团体心理辅导以各学派学习理论为基础，应用多样化技术和方法，它有两个基本观点：

1. 所有问题行为、认知、情绪都是学习的结果，它们可以通过新的学习而被矫正。行为都是由刺激引起的，行为就是对刺激的反应，反应的模式是学习的结果。通过特殊的程序，可以学习并强化适应的行为，纠正并消除不适应行为。按照行为主义的观点，个体的不适应行为或各种神经症都是个体在其生活环境中学习到的错误行为，它可以通过重新学习而被改变或使之消退。

2. 当事人表现出来的行为就是问题，而不仅仅是问题的症状。问题行为的成功解决等同于问题本身得到解决，行为改变先于领悟，行为改变可以很好地引导当事人更高层次地自我理解。

二、行为主义团体指导者的角色和职责

行为主义团体指导者在团体中首先充当的是教师角色，鼓励成员学习和锻炼那些能够应用到日常生活中的必要的社会技能，运用有关行为主义的原则和技术来解决成员的实际问题，认真观察团体成员的行为，准确地标定与特定问题相关联的情景和促进改变的条件。

班杜拉认为，成员学习新行为的一个基本过程，是对指导者所提供的社会示范的模仿。因此，团体指导者必须察觉自己的价值观、态度和行为对成员的影响和塑造作用，否则会削弱自己在团体心理辅导过程中的影响力。

除了以上职责，行为主义团体指导者还要执行一系列任务，包括：与未来团体成员进行个别会谈，作为初步评估和对团体心理辅导的准备；帮助成员了解团体历程以及从团体中获益的方法，解释团体的目标、活动和组织结构，评估成员的期望等；持续测评成员的问题变化情况；整合多种有效的技巧帮助成员实现个体目标；要作出适应性行为的示范，同时设计和指导成员相互进行角色扮演以学会在特定的情境下作出合适的反应；即时强化成员的适应性行为并给予鼓励、关注和赞扬；要让成员意识到他们自身要承担的责任，积极投入团体内部和团体外部的活动；有责任在团体外安排合适的家庭作业，以协助成员扩大适应性的行为；在团体结束前，要留有充足的时间让团体成员做好活动结束的准备，以让成员可以及时探讨他们的感受、巩固自己所学，并将新技能应用到日常生活当中。

三、行为主义团体心理辅导操作模式

在团体心理辅导的实践中，行为治疗的方法可运用于多种情境，因此产生了各种各样的行为团体，如社会技能训练团体、自信训练团体、压力管理团体、自我指导的行为改变团体、多重模型团体治疗等。这些团体虽

然其任务各有不同，但其辅导过程一般可概括为以下三个阶段：

1. 初始阶段

这一阶段大概是在团体前期，领导者在这一时期要完成的主要任务有：

（1）通过团体开始前的个别谈话，探讨未来团体成员的期望，协助团体成员决定是否要加入团体，之后与参加团体的成员签订合约，明确双方的责任和义务。

（2）为团体成员提供所有有关团体活动模式以及每个阶段的组织形式等相关的信息，帮助团体成员之间相互了解、相互适应、形成凝聚力，鉴别团体成员的问题行为。

（3）对问题行为进行评估，包括评定问题行为的频率、强度、持续时间，确定当事人的资源与优点，分析问题行为的前因后果，测量问题行为的基准，测量当事人的潜在强化物等。

（4）制订书面形式的团体辅导方案。具体包括成员对领导者和团体的期望、领导者对成员的期望、选择目标的方法、目标行为的描述、实现目标的策略和方法等。

2. 工作阶段

工作阶段是团体心理辅导计划的实施和技术应用的阶段，指导者主要是收集成员参与状况、满意度、出勤率、团体活动中完成作业情况等相关信息，并不断地对团体工作的进程、团体活动的效果、团体存在问题等作出评估。在这一阶段，主要是在团体情境下实施团体方案，尝试解决旧的行为问题，学习新的目标行为。

在工作阶段比较常见的典型的技术有：

（1）强化。是指在学习过程中增强个体某种反应的力量或实验程序，是行为团体塑造成员目标行为的一个重要方法。在行为疗法团体中，强化是一个关键的干预程序。除了指导者可以提供强化外，团体成员之间也可以通过赞扬、容许、支持以及关注面相互强化。社会性强化和自我强化是强化的两种主要形式。如在每次活动开始时，请团体成员分享其成功经验，不仅为当事人提供了强化，且向团体证明改变是可能的，这有利于建立一种积极的团体气氛。

（2）暂时契约。描述了行为的产生、改变和终止；与完成目标行为相关的奖赏、获得奖赏的条件，以及目标行为实现的时间表。有效的暂时契约具备三个特征：明确描述在约定中要表现的具体行为；说明获得团体强化和个体接受的即时强化；具体说明对任务进行观察、测量和记录的方法。

（3）角色示范。是指由指导者和团体成员为当事人提供的可以模仿的各种角色楷模，它是行为团体中最有效的教育工具之一。角色示范的有效性依赖于示范者的某些具体特征，如年龄、性别、种族、态度、个人声誉与地位等，角色示范的效果可以通过行为演练、家庭作业、训练和团体反馈等方式加以强化。

（4）行为演练。这是一种行为塑造的过程，在小组中训练那些即将在生活中需要使用的社会技能。行为演练要求尽可能在相似于当事人的现实生活情景中进行，每次行为演练应选择目标行为的一部分进行，如音质、语速、手势、姿态、目光接触等。在行为演练过程中应坚持反馈与评价相结合，包括当事人自我评价行为演练的效果；领导者的评价以及其他团体成员的反映等。

（5）指导性训练。是指导者和成员为有效地使当事人达成所期望的目标行为，而提供建议或一般性原理的方法。在行为演练的时候，指导者应坐在当事人后面的位置，指导性训练随着角色行为的实践而渐渐减少。

（6）反馈。在团体成员实践了一种新的行为之后，指导者和其他成员对其表现所给予的建设性的、具体性的和正面性的语言反应。反馈是学习新行为的有效手段，典型的反馈有两种形式，即对行为的赞扬、鼓励和纠正错误行为的具体建议。在行为团体中反馈应遵守的原则包括：提供肯定性反馈；在批评一种行为时，要提供纠正错误行为的具体做法；指导者应该说明反馈的具体标准；团体指导者和成员都可以对反馈进行评价。

（7）认知重建。这是通过鉴别和评价当事人的消极思想或观念，学习以合理的思想或观念来取代这些认知的过程和方法。认知疗法和合理情绪行为疗法都把认知重建作为改变个体思维和解释的重要程序，而且这种程序对于个体自己的情绪和行为的改变也有着重大影响。认知重建的程序包含鉴别自我防御和自我提高的表达、提供反馈和认知分析示范、认知演练、模范与反馈、家庭作业等一系列过程。

（8）问题解决。这是一种通过认知行为的手段让个体学会处理日常生活的问题的方法，是一种认知—行为技术，主要的目的在于找出解决问题的最有效的方法，从而提供认知和行为技能方面的系统性训练。问题解决的一般步骤包括以问题解决为定向、处理好问题的界定和具体目标的形成、对问题解决方案进行头脑风暴式讨论、方案选择与决策、实施选定的方案并评价其效果。

（9）家庭作业。在认知行为团体中，家庭作业的目的在于让成员把在团体活动阶段习得的东西付诸行动，让团体成员把所学的知识和现实生活紧密联系起来。最好能让成员参与到家庭作业的设计中，以激发成员的动机和积极性。

3. 最后阶段

在行为团体的最后阶段，指导者的工作重点在于促进成员把新的行为模式迁移到日常生活情境中。常用的主要方法是：鼓励团体成员为自己的训练成效承担相应的责任；为成员提供多样化的虚拟现实的练习情境；在训练情境中模拟真实情境；训练成员勇敢地面对挫折环境，并学会应付可能的行为退化；针对所期望的目标行为对成员进行过渡性训练；指导者传授迁移新技能或者新行为的技巧；协助成员设计个人具体的迁移训练计划，等等。

在结束团体活动时，还要安排各种短期的或长期的追踪会谈和团体活动，一方面有利于检查团体训练的效果，另一方面，对于促进巩固改变的行为具有重要的作用。

行为团体指导者应根据不同成员或团体所要解决的不同问题而综合使用各种行为技术以达到行为训练目的。在行为训练中，应该坚持由易到难、提供示范和及时强化的原则。除了以上介绍的技术外，常见的行为主义团体心理辅导技术还有集体系统脱敏、集体放松训练等。在团体初期，重点在于建立团体凝聚力，鉴别要被矫正的行为；团体工作阶段需要根据成员的问题，分别使用不同的策略与技术；在团体结束阶段，主要是使成员把在团体中学到的行为迁移到日常生活中。

四、常见的行为主义团体简介

1. 社会技能训练团体

社会性技能训练范围广泛，涉及到一个人在各种社会情景下如何进行有效的人际沟通的培训。学者罗斯在社会技能训练团体方面有独特的见解，他认为社会技能训练团体步骤包括：

（1）团体活动总目标和主要程序的讨论。在技能训练开始之前，指导者与成员讨论团体活动的总的目标和主要的程序，为成员提供各种实例，鼓励成员积极参与并多提问题。

（2）指导者指导成员建立各种能使自己进行社会技能训练的情景的方法。主要是邀请有经验的成员展示角色扮演的方法和程序。一旦成员学会角色扮演技巧，就提供相应的活动情景进行角色演练。在情景训练中，成员必须坚持写日记，记录每一星期发生的事件。

（3）团体指导者让成员在特定的情景中运用那些适应性的行为进行角色训练，成员如遇什么问题相互之间可以进行指导。在每次演练后，指导者和其他成员对该成员的表演进行点评和反馈。

（4）设计家庭作业并继续训练。成员自己设计家庭作业，根据家庭作业的内容进行训练，并把所学的角色行为运用到现实生活当中。

（5）在新的情景中自我观察，找出问题并进行修正。最后，请成员在新的情景中对自己的行为进行观察，并记录每天遇到的问题。

2. 自信训练团体

自信训练团体是日益受到欢迎的一种团体，主要培养个体在各种社会情景中如何充满自信。自信心训练的模式的基本假设是：任何人都有权利来表达自己的情感、思想、观念和态度等而不是有义务表达。自信心训练的主要目标是：认清和改变不利于培养自信的自我防御和不合理的想法；培养自己有权利表达自己观点以及尊重他人权利的意识和态度；学会辨识自信、攻击性和不自信的行为；能够将新学会的自信技巧运用到特定的人际交往环境中。

自信心训练经常是通过在整个团体中示范和指导性的训练来开展的。主要是让成员在角色扮演的情境中演练新的行为技巧。一般按照如下程序进行：设置难以应付的训练情境；通过角色扮演进行训练；决定其他的变通方式；在现实中运用习得的交往方式；评价训练的效果。

自信训练团体应该如何制订规划、确定目标、实施操作以及测量评估，心理学家阿尔贝蒂和伊蒙斯对此提出了观点，他们把自信团体训练分为四个环节：

（1）观察行为，预演示范。指导者描述一些日常生活情景，让3～4名成员分别扮演三种行为模式，并谈谈每种行为在表达方式、技巧、心情等方面的体会。

（2）认知重建。指导者讲解观念与行为之间联系的认知行为主义理论，帮助成员进行认知重建。

（3）自我表达训练。先让成员轮流表达自己对某一社会新闻或局势的见解，发言结束时其他成员均应鼓掌给予鼓励，然后发言者闭上眼睛，其他成员用举手的方式表示是否通过，不能通过的下轮再讲一次。第二轮训练让参加者对他所熟悉的某个对象进行赞扬性评价，用同样的方式进行评价。第三轮以辩论性话题为主，两人一组进行辩论表演。

（4）羞恶攻击训练。鼓励成员去冒险做一些自己原来不敢做的事情，挑战害怕难堪的感觉。如在人多的地方任意高歌或讲外语，在公众场合高声和同学交流等。鼓励成员不要顾及别人的感受和想法，坚持自己想做的事情，并逐渐把自己在团体训练中取得的经验迁移到日常的生活当中去。

3. 压力管理团体

随着人们生活压力日益增大，压力管理训练团体越来越受到人们的广泛关注。压力管理训练对人们减缓和预防压力的负面作用具有潜在的重要意义，其基本假设在于：我们并非是外界压力的受害者，相反，我们所做的和所想的内容让我们体验到压力，换句话说，对生活事件的评价决定了压力是否将正面或负面地影响我们。

梅肯保建立了一个压力免疫训练计划，包括概念获得、技能获得和预演、应用与追踪三个阶段。

在第一阶段中，主要让成员感觉与表达压力，其目标在于通过教育成员更好理解压力的本质，让成员认清压力的互动本质以及如何应对的技巧，认清压力的来源以及压力持续存在对认知和情感等因素的影响。

第二个阶段，让成员学习应对策略并对其进行演练。常用的技巧有放松训练、认知重构、问题解决、社会技能训练、时间管理、自我指导训练等。如指导者帮助成员重建认知，驳斥非理性思维以帮助成员找出不合理的观念模式，取而代之以新的适应性思维模式，可以采用自我对话等技术来实现。又如指导者通过应用一系列放松方法，来降低由压力引起的紧张和焦虑。

第三个阶段，指定家庭作业与应用追踪，使成员能够把团体情境下的行为向现实生活中迁移和巩固。主要通过运用想象和行为演练、角色扮演、示范和渐进式的自我内在锻炼等技术，练习将新学习的行为向日常生活扩展或迁移。

4. 自我管理行为团体

自我管理行为是行为团体心理辅导中的一个重要技术，在自我管理团体行为模式中，成员在行为改变的各个环节上都扮演着积极主动的角色，承担着行为改变的责任。自我管理行为团体提高成员改变行为的动机水平，让成员在生活的自然情景中改变行为。可以用自我管理改变的方面有：过度的饮食、酗酒、吸烟、乱扔东西、目标管理、时间管理以及工作或学校环境中的自我约束不足等。威廉斯和洛恩提出一个自我管理行为模型，把自我管理技术分为五个操作步骤：

（1）选择目标。一次确定一个靶结果目标，所确立的目标应该是重要、可测量并能够实现、积极的。靶结果目标应该包含目标所希望的水平以及预期达到目标的日期。

（2）监测靶行为。必须选择适当的靶过程目标，在实施行为改变策略之前必须对靶行为进行基线评估，并开始记录与过程目标有关的行为数据。在记录行为数据时，应该在行为发生后及时记录，记录行为的频数、持续时间或行为产品数。

（3）改变环境因素。继续记录靶行为，改变情境，以便使自己觉察自己在做什么，限制会诱发"坏"行为的刺激，使所希望的行为易于出现，确定与失调行为不相容的那些替代行为。

（4）获取有效的结果。继续记录靶行为和维持环境的改变，区分行为的结果，使适宜的行为及时得到强化。

（5）巩固收获。继续记录靶行为，继续评估维持环境因素的改变，维持自然结果。应该建立一个有效的评估反馈系统，以保证可以对自我管理进行调整、重新定义或改变方向，以达到和维持靶结果目标，从而达到维持自然结果的目的，将自我管理方法应用于其他方面。

五、行为主义团体心理辅导的特点

与其他心理辅导理论相比，行为主义理论具有其独特之处：

1. 行为主义团体心理辅导注重考察人的行为，把辅导的焦点放在外显的行为上，并明确地列出行为改变的目标，对辅导的结果也能作出具体的、客观的评价。由于其效果比较显著，行为主义团体心理辅导已经成为当前最具影响的心理辅导理论之一。行为主义心理辅导可矫治社交技能缺乏、压抑、恐惧、焦虑、压力、心理创伤等，在学校中得到广泛的运用，如可以从行为的角度来帮助学生掌握人际关系技巧、问题解决技巧、认知应对技巧、自我管理技巧等。

2. 行为技术具有广泛性。成员可以运用多种技术来确定具体目标和训练实现目标所需的技能，如角色扮演、行为演练、指导性训练等，这些行为干预既可以用于同质团体，也可以运用到异质团体中，并可以实现多种具体的目标，也可以运用于短程治疗当中。

3. 行为主义的一个发展趋势就是和认知元素的整合，越来越多的实际情况证明这种整合了行为和认知元素的方法是最有效可行的。团体指导者通过认知和社会学习概念，而不是通过经典或操作性作用原理来形成自己的技术体系，很多团体的设计主要在于提高人们在日常生活特定方面的自我控制和自由程度，如在压力管理训练小组、自信训练小组、社会技能训练小组等各种团体中，对个体自我控制和独立性的培养注重强调认知因素的作用。

由于行为主义理论影响的广泛性，它也引起了人们众多的争议。其中有的批评者认为，行为主义的人性观贬低了人的尊严和价值，否定了人的自由、自主、自决和独立性。有的学者认为此学派只能处理那些有既定范围而外显的行为问题，并过分严格按照行为来操作，无法处理一些复杂的个人问题和社会适应问题等，对问题和症状的重视容易导致对个体行为背后的涵义缺乏理解，忽视了行为背后深层次的原因。

第二节　心理分析团体心理辅导

心理分析理论也称精神分析理论，是由奥地利精神分析学家弗洛伊德创立的，主要是探讨个人在发展的过程中适应各种冲突的历程，从心理层面分析造成现在行为的原因。在团体中使用心理分析的第一人是美国精神病专家沃尔夫，他强调在团体中的心理分析不治疗整个团体，而将着眼于与其他个体相互交往的每一成员。心理分析团体为个体提供一个帮助其重新体验早年家庭关系的气氛，使个体能够挖掘出那些影响现在行为的事件及与之相伴随、被隐藏的情感，从而促进团体成员对不适应的心理发展根源进行分析。弗洛伊德、埃里克森、沃尔夫等的理论都为心理分析团体心理辅导提供了重要的理论基础。心理分析团体辅导的目标是通过使潜意识冲突进入意识层面进行检验，来重建当事人的性格与人格系统。

一、心理分析基本原理

1. 童年期经验的影响

心理分析主张成年人的心理问题都有其童年期发展的根源，认为个体在 0~6 岁间的体验是后来各种心理冲突的根源。心理分析的工作就在于挖掘、分析当事人过去的经验对现时人格和行为的历史影响。当然，并非只关注个体的过去经验，正如洛克所说：团体精神分析就是"在过去和现在、现在和过去之间来回地切换……这个过程中最重要的是指导者要把握好时机，通过对过去经验的挖掘，来体察目前的状态与过去的联系，发现过去的创伤事件对后来个体病态行为模式的影响"。

2. 潜意识

潜意识是弗洛伊德提出来的。他认为人的大多数行为都是由意识体验之外的力量所驱动，即潜意识决定的，包括个人的想法、情感、动机、冲动和其他在自我意识之外的东西，它犹如一座冰山，隐藏在水面之下。儿童早期的痛苦情感经历都被藏在潜意识里，被过去的历史阴影所笼罩，不会自动消除。分析的目的就是协助成员把潜意识的内容意识化，将潜意识的东西提升到意识层面，帮助成员解除内心的压抑。对潜意识的了解可以通过释梦、自由联想以及对移情、阻抗和解析的研究进行。

3. 人格发展理论

弗洛伊德的精神分析理论把人格分为本我、自我、超我三个部分。本我包括所有与生俱来的本能，它受快乐原则的支配，以降低紧张、逃避痛苦为目标；自我是个体的意识和理性部分，根据现实原则以理性思考的方式调节本我与超我，既与现实世界保持接触，同时又满足个人需要；超我由良心和理想构成，受道德原则的支配，以管制个体行为使其符合社会规范与道德标准。

4. 焦虑

焦虑是一种由于情感、记忆、欲求的压抑而产生的个体对环境或个人内心某种事物恐惧的情感反应。当我们感到无法控制我们的情感时就会产生焦虑。焦虑的产生是本我、自我和超我相互冲突的结果。

5. 自我防御机制

自我防御机制是个体解释行为的一种方法，它是保护个体的自我免于思想和感情的威胁，以避免体验焦虑的一种方式。自我防御可以减轻情感创伤对自己的冲击，也是维护个人信心的一种方法。在团体情境中有很多机会可以观察到个体的防御行为。很多情况下，当我们在团体环境中感受到威胁时，就会延续儿童时期遭遇威胁时所用的防御机制。团体的价值在于通过指导者和其他成员的反馈，成员会逐渐意识到自己在人际互动中所使用的防御模式并最终学会选择直接处理焦虑情境的方式。在团体中人际互动时经常出现的自我防御方式有压抑、否认、倒退、投射、转移、反向、合理化等。

6. 阻抗、移情与反移情

阻抗是个体不愿意将潜意识中原先被压抑和否认的东西提升到意识层面，即害怕认识、处理自己被封闭在潜意识中的过去经历，以避免体验焦虑。沃尔夫列举了团体成员抗拒行为的可能来源：

（1）担心自己不可能从团体中受益；

（2）害怕个人隐私表露后会受到他人的攻击或耻笑；

（3）需要有自己的治疗者；

（4）害怕在某些团体成员身上认出自己父母或兄弟姐妹的形象，必须应对因这种遭遇所引起的焦虑；

（5）对放弃神经症倾向的潜意识恐惧；

（6）对焦虑进行讨论的自由。

他还认为，团体成员在抗拒时，常表现为对团体毫无反应或拒绝参与，如经常迟到、缺席、冷漠，表现出不信任、不合理行为等，以此来逃避自我探索。

移情是当事人将自己在过去生活中对重要他人的感情、态度和幻想等潜意识转移到指导者身上的现象。在团体中，移情表现为成员希望得到指导者的认可。通过移情可以反映出成员是否有渴望得到别人认可的需要，这种需要是如何影响其日常生活的。在团体中还会出现多种性质的移情，不仅对指导者出现移情，还会对团体内的其他成员产生移情，每一个人都有可能移情的对象，因为在团体情境中，有许多重现过去的机会，特别是有时会在其他成员的触发下"看见"那些在自己生活中占有重要地位的人，如父亲、母亲、兄弟姐妹、自己喜欢的人等，心理分析团体的主要任务之一就是要识别、分析和处理这些移情。通过对自己移情的理解和处理，团体成员会逐渐意识到自己身上存在的问题，意识到自己过去的经历是如何影响自己对现实的评价和应对。

反移情是指导者由于对成员行为的曲解而将自己潜意识中的一些情绪投射到成员身上。当反移情出现时，如团体指导者如果有一种强烈的被尊重、被赞同的需要，可能会变得过分依赖团体成员的赞同和支持；又如在某些成员身上看到了自己的影子，会因为和团体成员交往过甚以至影响团体效果；再如会做出一些引诱行为，并利用指导者的有利身份对某些成员施加影响，等等。团体指导者要清楚地认识和察觉自身未解决的问题和被压抑的需要，防止因利用成员满足自己未实现的需要而干扰团体的进程。

二、心理分析团体指导者的角色和职责

在心理分析团体中，团体指导者扮演着分析者、催化者和解释者的角色。一般说来，心理分析式团体指导者的具体功能表现在：协助成员逐渐揭示他们现时行为的潜意识决定因素；创造一种鼓励成员自由表达自我问题的气氛；为团体内和团体外的行为设限；协助成员勇敢面对和处理他们自己以及整个团体的抗拒；逐渐地撤除某些领导功能，鼓励互动以促进成员的独立性；吸引团体成员对行为中的微妙层面的注意，并通过询问协助他们在更深的层面上进行自我探索。

沃尔夫还提出指导者应该履行以下任务和职责：努力认识到错误，将某些指导权下放到团体，但要保证足够安全；把移情作为解决问题的好机会予以接纳；引导成员们充分体验和观察，进行个性的社会化整合；看到团体巨大的潜在力量；采取必要的技巧解决团体内部的冲突；通过自我的情感开放创造融洽的气氛；觉察团体内破坏性的关系；关注团体中是否有成员是孤立的，或者在团体内受到伤害而不是得到帮助的情况。

三、心理分析团体的发展进程

埃里克森的心理社会发展理论和弗洛伊德的性发展理论学说为心理分析式的团体指导者提供了一个指导团体工作进程的概念架构和有效模式。这个概念架构包含发展趋势的了解，人生不同阶段的重要发展主题和主要任务，主要需要的满足和生活挫折，人生每个阶段进行选择的潜能，重大转折点或发展危机，以及可能导致日后心理冲突的不良人格发展根源。

整个过程中指导者主要围绕以下问题展开：给个体的生活带来连续性的主题是什么？个体现时的担心和未解决的问题是什么？个体现时的问题与其早年生活史中具有重要意义的事件的关系是什么？哪些方面造就了个体的性格？在个体的成长过程中有哪些主要的转折点和危机？在这个转折

关头，个体做出何种选择，是如何处理各种危机的？目前个体正朝着何种方向发展？

1. 主要操作要点

（1）请团体成员回顾自己过去在人格发展的每一个阶段的情况，并引导他们分析与当前心理问题的联系，列出主要问题。主要理论根据是埃里克森的人格发展八个阶段理论。

埃里克森认为人的每个阶段都有需要协调的危机，每个阶段的危机就代表人生发展的一个重要转折点，如果危机解决个体就能顺利发展，如果危机没有得到解决就会出现矛盾和问题。如成员出现自我认知不良，感到学习能力不足，社会交往中表现出自卑、价值观冲突、自我性别角色认同混淆、不愿面对新的挑战、缺乏独立性等心理问题，往往是由于在学龄期阶段未能顺利渡过危机而导致的。

因此，作为指导者必须清楚地了解每一个阶段发展的任务和可能出现的问题，以便能针对成员在某些阶段未解决的问题和危机进行评述、提问和解释。

（2）鼓励全体成员进行自由联想或梦的分析，帮助他人揭示出内在的情感，激发成员洞察自己潜在心理问题的能力，对当前的问题和过去的经验之间的关系产生顿悟。自由联想和梦的解析是心理分析团体心理辅导常用的技术。

自由联想是揭示被压抑的或潜意识的内容的基本方法，与自己脑子中自然出现的东西进行交流，不管是自己不想面对的，还是不符合逻辑的或不着边际的。在自由联想中，要求成员报告自身的经验，团体讨论保持充分开放，允许其他成员提出任何问题。在自由联想中可以增强团体凝聚力，使成员积极投入参与到团体历程当中。

梦的解析作为一种探索潜意识内容的技术贯穿于团体的各个阶段。成员之间相互分享和揭示梦的内容，有利于团体成员释放情绪并达到最深入的交流，从而引发最有价值的领悟。

（3）解释、洞察与通修。解释是指导者对成员的自由联想、梦、阻抗和移情等进行分析，揭示其潜在意义的一种技术。解释应该是针对成员自身没有意识到的问题进行的，应该从成员的行为表现出发，在成员情绪能够接受的范围之内进行。当然，在解释的时候，指导者要把握适当的时机，不适当的时机和不成熟的解释容易导致成员拒绝接受并增强其自我防御机制。

洞察就是让团体成员觉察到个人问题的原因所在，它是在理智和情感上对过去经历与当前问题之间的关系有所感知。如团体心理辅导过程中，有一些成员发现自己总是想着不惜一切代价取悦别人，那么他们可能会逐渐认识到自己在内心深处渴望得到他人认可的需要。

通修是团体心理分析的最后阶段，是成员努力改变抗拒性和旧的反应模式的艰难过程，其目标是提高自我认知和自我整合。

2. 注意事项

团体指导者最好保持隐匿的个人身份，以有利于团体成员投射自己心目中所期望的团体领导者形象；必须承认团体成员的潜在能力，帮助他们面对并处理自己的抗拒，应避免说教式的指导；团体指导者应该鼓励成员之间互动，培养成员的独立的能力；团体指导者要为团体内外的行为设限。由于心理分析取向的团体心理辅导需要较长的时间，在此过程中，有可能出现少数人不耐烦或不配合的情况，这时就需要指导者加以说明和鼓励。

四、心理分析团体心理辅导的特点

心理分析团体心理辅导强调人的潜意识，强调对本我的关注，强调人的基本需求，自由联想技术、梦的解析、解释、领悟和通修、替代性单元等是其常用的技术，通过这些技术的运用，使成员在过去与现实、现实与过去之间来往，再分析、讨论和解释过去的经验和解决在潜意识中发生的防卫和抗拒，正确认识心理困惑的根源，从而消除意识与潜意识之间的冲突，建立起一个和谐的人格体系。

心理分析理论广泛地运用于实践当中，其潜意识、防御、阻抗、移情以及过去的经历的重要性等观点对其他模式的团体心理辅导产生了重要影响，一些常用的技术也被运用于其他的流派当中。

埃里克森的人格发展阶段理论对学校团体工作具有很重要的意义。如弄清学龄儿童存在勤奋与自卑的发展需求及任务，将对学龄儿童的团体心理辅导非常有帮助；如果了解青春期存在同一性与角色混乱的冲突，也会使青少年团体心理辅导达到更好的效果。在团体心理辅导中可以通过帮助成员们学习与其年龄相适应的技巧来改善他们的日常生活。

随着分析心理学的发展，精神分析理论与实践发展表现出如下趋势：处理的重点由传统的关注神经症障碍转向长期的人格障碍、边缘状况和自恋人格障碍等；更加关注在精神分析团体早期建立良好的合作性关系；短程精神分析团体越来越受到关注。

当然，精神分析团体心理辅导也存在一定的局限性，如精神分析方法过分强调人的潜意识，对个体出现的问题缺乏社会、文化和政治因素的考虑。另外，为达到目标需要一段比较长的时间，也是精神分析团体心理辅导的一个主要局限。

第三节　人本主义团体心理辅导

20 世纪 60 年代，人本主义心理学兴起，被称为心理学的"第三势力"，代表人物有美国心理学家马斯洛和罗杰斯等人。他们倡导"人类潜能运动"，以人的自我实现为核心，特别是罗杰斯大力提倡的会心团体受到社会各部门的欢迎，在学校发展尤其迅速。

罗杰斯认为，人是积极的、理性的，人能够了解和改变自己，人有能力解决自己个人的问题。心理辅导要以团体为中心，而非以问题为中心。在辅导过程中，通过指导者创设一个充满真诚、尊重和同感的气氛，使团体成员能充分表达自己的情感，协助团体成员认识、分析、修正和接纳自己，有勇气面对现实及解决问题并发展自己的潜能，以达到成长的目的。

对团体心理辅导来讲，人本主义理论最重要的思想体现在：第一，强调自觉的重要性；第二，对现象学方法的运用，强调人具有独特的反思能力；第三，自我实现的倾向或成长倾向，认为个体具有成长的内驱力；第四，关注并尊重个体的主观经验，重视对来访者经验世界的解释和掌握。

人本主义心理辅导被广泛地运用于团体心理辅导、教育和工作坊中。罗杰斯的个人中心团体心理辅导是人本主义的最典型代表，罗杰斯开始比较强调在团体中使用情感反映技术，之后，渐渐地把重点从技术转向指导者个人的人格特质、态度和信念上。下面重点介绍罗杰斯的个人中心团体心理辅导。

一、人本主义团体心理辅导的主要观点

人本主义团体心理辅导中最典型的代表是罗杰斯以个人为中心的团体

心理辅导，它是由罗杰斯的个人中心理论发展起来的。整个人本主义心理辅导是建立在罗杰斯人性观、自我发展理论、治疗关系理论的基础上的。

罗杰斯对人性持积极乐观的态度，他对人抱有极大的信心，极力强调人的个人价值和尊严，他相信人是理性的、有建设性的、值得信赖的，人有能力去发现自己身上的心理适应不良，可以通过改变自己来寻求心理健康。

罗杰斯还认为，自我实现趋势是人的一种最基本的、维持生命活动的驱动力，心理适应不良的程度取决于自我概念和经验之间的不和谐程度，心理辅导的目标在于重建个体在自我概念与经验之间的和谐，从而帮助人成长。人与人之间无条件地、真诚地尊重、关怀，个体就能调节自己的经验，朝向自我实现，使自我更像理想自我，使自我更完善和成熟。

罗杰斯还对促进人格成长的条件提出独到见解。他认为，人有理解自己、不断趋向成熟、产生积极的建设性变化的巨大潜力。个人中心团体工作的基本信条是：团体具有促进成员自我了解，改变成员的自我概念、基本态度和自我指导的巨大能力；应给团体成员提供一种可以接受、信任的气氛；指导者必须表现出最大限度的真诚，无条件、积极的关注和同情心。

在治疗气氛上，罗杰斯认为，以人为中心的治疗的基础是对人类充分自我实现的潜能倾向的基本信任，团体的指导者要善于建立一种可接受的团体信任气氛，以使团体成员在这种信任关系中善于自我开放和自我表达。

罗杰斯还认为，指导者的态度比任何知识、理论或技术更重要。如果指导者能够建立起一种良好的气氛，使成员感受到温暖与接纳、尊重与关怀，成员便会放弃防卫性，向具有个人意义的目标努力，导致积极的行为改变。

二、人本主义团体指导者的角色和职责

罗杰斯认为，团体中指导者的作用是在成员的自我探索过程中做他们的同伴，促进团体成员之间的交流。团体的领导者实质上更是团体的一个

催化者，其功能在于建立一种气氛，在这种气氛中团体成员能够勇敢地袒露自己。

罗杰斯强调，团体指导者应该做到：在团体中向成员展示一个真实的自己，对成员表现出关心、尊重与了解；能够认真倾听每一个团体成员的心声；尽可能营造良好的气氛，使团体成员感受到安全；接纳团体内成员和整个团体；为成员提供反馈，就成员的某些行为进行面质，等等。

美国的博扎思列举了个人中心团体的催化者应该具有的主要特征：一是催化者愿意作为一个成员参与团体；二是催化者愿意努力了解和接纳团体中的每一位成员；三是催化者愿意在自己的个人问题出现时，公开自己的苦恼；四是催化者愿意放弃控制权利和专家形象，寻求发挥个人影响的方式；五是催化者相信团体成员有能力在没有建议的状况下，向着积极健康的方向发展。

三、人本主义团体心理辅导的各个发展阶段

罗杰斯在长期大量团体研究的基础上，总结出了个人中心团体心理辅导中会出现的十五个阶段：

1. 踌躇不前。在团体一开始，由于缺乏团体指导者的领导，容易出现团体成员在行为或言语上混乱的场面。

2. 抗拒自我表达与探索。团体成员最初会表现出共同的自我，表现出一种他们认为可以被团体接受的形象，而害怕或拒绝表露个人信息。

3. 描述个人过去的经验。此时团体成员之间的信任关系尚未建立，但团体成员已经开始尝试表达自己的个人情感，但仅仅针对的是团体以外的事件，表达的是过去的情感。

4. 消极负性情感表露。随着团体活动的进行，成员之间渐渐转向表达现时的情感。对指导者采取攻击的态度，指责指导者没有给自己提供相应的指导。

5. 具有个人意义内容的表达和探索。当成员发现自己的消极反应能够被团体接受时，团体就会渐渐形成一种信任的气氛，于是成员之间开始尝试表达个人的信息。

6. 对团体中现时人际情感的表达。此时成员之间开始彼此交流各种感受，包括各种正性和负性的情感。

7. 团体治疗能力的发展。团体成员形成一种帮助性的人际关系，进行自发的沟通，并相互表达关心、支持和担忧，为成员在团体之外开始更有建设性意义的生活提供支持。

8. 自我接纳和开始改变。成员开始接受自己身上的优势与不足，消除顾虑，以积极的心态面对改变。

9. 正面接受。此时，成员开始卸下自己的面具和伪装，并对团体的意愿做出反应，开始深层次的交流，并努力朝更深入的方面交往。

10. 反馈。在接受反馈过程中，团体成员获得大量信息，包括其他人是如何专注自己的体验，自己又是如何对他人的体验作出反应，等等，这些信息给了成员不一样的视角，帮助他们确定自己需要改变的领域。

11. 面质。成员带着一些情绪性很强的反馈进行激烈的讨论。

12. 团体之外形成助人关系。在此阶段，成员开始在团体之外进行交往。

13. 深入交往。团体成员之间的关系越来越近，他们建立起一种真诚的人际关系，形成一个合作的团队，开始体验如何建立有意义的人际关系。

14. 亲密感的表达。随着团体活动的进行，成员开始坦诚地表达对自己和其他成员的感受，团体内的热情和亲密感随之渐渐增加。

15. 团体成员行为发生改变。在最后阶段，成员之间的感情表露越来越自如，他们的行为习惯、情感等也发生相应的改变，如果团体成员做出了有效的改变，他们就会把自己的这些新的行为方式运用到日常生活中。

综合罗杰斯个人中心团体心理辅导的十五个阶段，我们可以将其归纳为四个发展阶段：困惑探索——信任接受——自我探索——变化成长。

在团体初期，往往是困惑的、混乱的，由于缺乏信任，表现出对个人表达和探索的抗拒，此时，团体指导者应该向小组成员表达自己正面的关注，倾听他们的心理感受，努力创造一个平等、和谐、信任的人际气氛，建立良好的辅导关系，在活动中渐渐形成信任和彼此接受的团体氛围。此后，进入自我探索发展阶段，指导者鼓励成员充分表达自己的真实情感，显露出那些平时未表露的态度，使每个成员都被他人如实看待并从其他成员的反应中得到关于自己的肯定或否定的反馈，以便真正地认识自我。同时指导员要细心聆听成员所表达的各种心理感受，并作出适当的回应。最后，让团体成员在良好的团体氛围中体验他人的关怀与尊重，并改变自己不适当的态度和行为，获得成长。

四、人本主义团体心理辅导的特点

罗杰斯个人中心理论与其他心理辅导理论相比有许多不同，它是一种现象学的方法，重视来访者的主观世界。其主要优势，一是强调每个人的价值和尊严，并相信个人有全面发展自己的潜能和使自己成长的能力；二是强调真诚地倾听和深入地理解成员的内心世界，把辅导的重点放在直接处理成员当前情况，尤其是当前的情绪状态上；三是主张心理辅导的非指导性，强调指导者的真诚、无条件积极关注、尊重和接纳，以及共鸣同感，通过建立良好的人际关系让成员达到自助的目的。这些理论与观点对后来心理辅导的实践产生深远的指导意义。

但该方法也有其自身存在的局限性。首先，它没有明确提出具体的辅导方法，且这种"非指导性"的辅导要经过较长的时间才能见效。其次，它过分强调指导者个人的人格特质、态度和信念对辅导效果的影响，似乎忽视了对指导者应该具备的知识、技术和能力的要求。伯依和派恩认为，以个人为中心的心理咨询师必须全面掌握心理辅导的相关知识，他们指出："这就意味着咨询师必须具备一定的知识，也必须对自己的知识不断地扩充、提炼和修订。"第三，克里认为，"个人中心式的方法是一个很好的开始方法，但不是一个良好的结束的方法。"

第五章　中小学团体心理辅导的设计

　　中小学团体心理辅导要取得较好的效果，一份好的设计活动方案是必不可少的。团体心理辅导教师应掌握中小学团体心理辅导方案设计的原则，能够设计主题清晰、针对性强、安排合理、内容丰富、步骤完整的团体心理辅导方案，为团体心理辅导的具体实施做好准备。

第一节　辅导设计的原则和误区

所谓团体心理辅导设计是指运用团体心理辅导的相关理论知识，在明确团体的功能与目标的前提下，系统地将设计一系列团体活动形成一套相对完整的活动方案，以便领导者带领成员进行团体活动，从而确保团体心理辅导的有效进行，达到团体心理辅导的预期目标和效果。

在进行团体心理辅导设计时，一般要考虑几个问题：理论和实践背景是什么？需要解决哪些问题？涉及的是生涯辅导、学业辅导还是人格辅导？适用对象和人群是男性还是女性，同质还是异质性团体？主要的实施步骤有哪些？预期的结果是什么？对团体领导者的素质要求有哪些？

总体来说，一个好的团体心理辅导设计应该具有目的明确、对象清晰、理论基础正确、实施步骤完整、形式多样合理、有效利用资源、团体领导者易于执行等特征。

一、中小学团体心理辅导设计的原则

团体心理辅导方案设计是团体心理辅导教师必须具备的一项专业技能。恰当的团体心理辅导方案是团体心理辅导顺利进行的有效保证。团体心理辅导教师正是依据事先设计好的方案，周密地组织和实施团体计划，评估并不断调整团体心理辅导方案，有效带领团体达到目标。设计团体心理辅导方案应考虑以下原则：

1. 以人为本

团体心理辅导的主要参与者是团体领导者和团体成员。在团体领导者方面，首先要考虑领导者的心理特质，如经验、能力、偏好及领导风格等；其次还要考虑领导者是不是熟悉和适合该领域的团体活动；如果活动中有多个领导者，还要考虑各自的分工和合作方式。对团体成员，考虑的主要是成员的性别构成、年龄分布、知识水平和家庭背景等不同所带来的差异，需要根据不同的团体成员构成来设计活动方案。

2. 注重细节

团体心理辅导的内容包括了一些有一定危险性的活动，如"信任背摔"等。中小学生通常都比较活泼好动，在安排活动的时候，要特别重视对危险活动的预防，保证活动过程的安全。一些团体活动的内容可能涉及对深层思想和情感的探索，事先要考虑如何在活动中做好对内心世界隐秘信息的引导和保密处理。

3. 有机结合

注重目的和手段、形式和内容、计划性和可操作性、过程和结果评价的结合。要围绕目标选择最佳的活动方式来达到目标。既要注重形式上的多样化和活泼性，更要深刻把握形式背后的辅导内容，不能过度追求形式上的直观效果。

可操作性意味着要能充分考虑现有的资源以及现实条件进行设计，有利于团体心理辅导的实际操作。团体心理辅导作为一项体验性的活动，过程的重要性毋庸置疑，但同时也要重视对结果的评价，要能运用合理的方法来评估团体心理辅导的效果。

4. 循序渐进

一般来讲，一个完整的团体心理辅导都有一个热身、熟悉、正式进入，深层体验到团体结束、团体成员分离的完整过程。在这个过程中，要根据不同阶段，由浅入深、由易到难、由表层活动到深层体验的规律设计活动。

5. 不断完善

任何一个团体的设计都不可能是尽善尽美的，在设计时或者经过实践后，要不断完善和改进，通过团体成员的反馈、团体领导者的反思、同行的交流、专家的指点等方式来不断完善活动的设计。

二、团体心理辅导方案设计的误区

1. 形式主义，喧宾夺主

团体心理辅导中运用了许多不同的活动形式，在调动积极性、活跃气氛、增加效果方面有着积极的作用，丰富多彩的活动也是团体心理辅导的一个重要特征。在实际设计中，有些教师忽略形式、手段和目的之间的主次关系，成员们玩得开心、热烈固然给人以直观上的良好感觉，但更重要的是要考虑所有的活动是否能到达预期的目的，是否能够有效承载团体心理辅导活动的主体内容。

2. 按部就班，盲目套用

团体的参与对象是活生生的人，他们有自己的需求、性格、爱好、价值观和行为方式。所有的设计都只能是一种预想，不可能尽善尽美，所以在设计的时候要留有余地，留有一些思考和讨论的时间，不要把每次活动都安排得满满的，这样不利于团体领导者在面对突发情况时灵活应对。同时，同样的方案在面对不同的群体时，需要做一些修改，成年人的团体活动设计就不能盲目照搬到中小学生的团体中。

3. 前后颠倒，顺序错乱

每个团体的建立、巩固、发展到结束的过程都有其内在的规律，在选择活动的时候同样也要考虑到活动之间的前后衔接和先后顺序，例如信任游戏通常安排在自我表露活动之前。同时，要让各个活动之间能流畅衔接、逐步深入，不要让团体成员感觉活动之间变化太大而难以适应。

第二节　对学生年龄特征的把握

中小学团体心理辅导是中小学心理发展工程中的一个重要组成部分，设计中小学团体心理辅导，必须充分注意到中小学生的具体年龄特征，突出其不同年龄阶段要达到的不同要求，使各阶段辅导内容的设计理念能够与中小学生变化中的年龄特征相符。

一、小学生的主要年龄特征

年龄特征主要包括生理特征和心理特征两大方面，我们这里侧重谈心理发展特征。我们知道，小学生心理发展的内部矛盾是指在个体心理发展的过程中，为更好地适应外部环境而产生的新的发展需要与他原有的心理水平之间的矛盾。

所谓"新的发展需要"，是指学生成长的家庭、学校、社会等客观环境对个体提出的各种要求、期望等在个体内部的反映；所谓"原有的心理水平"，则是指小学生已经形成的各种知识、能力、情感、行为习惯、个性品质等的水平。

新的心理发展需要与旧有的心理水平互相依存、互相矛盾，并通过对立统一的矛盾运动达到新的平衡，从而推动小学生的心理不断地向更高的水平发展。在整个小学阶段，这种心理发展的矛盾运动是连续不断的，但同时又呈现出一定的阶段性。

例如在小学低年级，入学对个体而言是生活中的一大转折。从过去以游戏为主导性活动的幼儿变成以学习为主导性活动的小学生，这对一个六七岁的孩子来说是一个很大的改变、很大的难题，而尽快适应入学后的各种新的要求，就成了低年级小学生最大的发展性需要。

他们在短短的一两年时间里，必须养成各种良好的学习习惯、生活习惯、行为习惯；必须适应新环境、新规范、新老师、新同伴、新集体；必须掌握突然增加了难度和数量的各学科的知识、技能并且接受比较严格的考核和评价；必须承担一种前所未有的社会义务，学习那些自己可能还不甚感兴趣的内容，并由此带来一系列情感、情绪上的或积极、或消极、或痛苦的体验，等等。这对他们来说既是一种新的挑战，又是一种发展的契机、一种巨大的推动和促进。

到了小学中年级，小学生入学适应的发展性需要已经基本满足，但随之而来的问题是他们的智力发展进入了一个新的阶段，或者说进入了一个关键期。这个阶段是以具体形象思维为主要形式向抽象逻辑思维为主要形式加速过渡为突出标志。

这里说的"加速过渡"，就是指的"飞跃"和"质变"。与之相应的外部变化，则是小学三四年级学业难度的提升。而对于学生个体来说，尽管他们每个人入学之初都对自己的学习前景充满美好的愿望，尽管他们的家长和老师也在给他们以种种要求和激励，但不可否认的事实是，确实有一部分学生在这个"思维列车提速"的关键时刻落伍了。

由此带来的后果便是学习上的挫败感，一些学生对学习出现消极态度，甚至出现厌学情绪。而这种学习上的消极退缩表现，又会成为这些学生面临新的学习困难的成因。更值得注意的是，学业上的一再挫败，还可能给这些学生造成人格发展上的障碍，于是，一个本来充满希望的生命个体的成长道路可能就此被改变了。

由此可见，小学中年级学生面对的心理发展需要主要是学业成功问题。在这个关键年龄段上，学生的学习能力（主要是思维能力）的发展会有快有慢，学习态度、学习成绩也开始出现分化，这使中年级小学生的心理发展走势潜伏着种种危机，只有克服这些危机，他们今后才可能健康成长。

小学生升入高年级后，一种值得注意的倾向是在自我意识的发展方面进入了第二个上升期，而个性的发展则进入了骤变期。他们在意识的独立

第五章　中小学团体心理辅导的设计

99

性、情感的丰富性、行为的自觉性、志趣的稳定性等方面，都达到了新的发展水平；同时，一些令成年人感到头痛的问题也可能在这个时期表现出来，例如因性发育提前可能造成的异性同学交往过密、亲子关系中的代沟形成、厌学和逃学、对教师的抗拒和逆反等。这说明小学高年级学生在心理发展方面的突出需要主要是形成良好个性的问题。

综上所述，整个小学时期学生心理的发展是一个既有连续性、又有阶段性的过程。在这个过程中，基本上可以分为低段、中段、高段三个时期，每个时期内那些相对平稳的、细微的变化属于量的积累，体现了心理发展的连续性；而当某些新的质素的量积累到一定程度时，就会形成一种处于优势的主导地位，出现某种突变、转折或飞跃，这又体现了心理发展的阶段性。

贯穿小学时期学生整个心理发展过程的主要矛盾则是"进取或不进取、有能力或失败无能"的发展态势问题。在设计小学班级团体心理辅导阶段目标时，必须要考虑到这些小学生成长发展的年龄特征。

二、中学生的主要年龄特征

中学生的年龄特征实际就是非常特殊的青春期的身心特征。进入青春期以后，会有一些特殊的问题发生。如果能够顺利地解决这些问题，就能情绪稳定、性格健全、发挥潜力、生活愉快。否则，就可能产生很多内在的焦虑冲突，心理不健康，甚至精神崩溃。

对外界而言，可能产生人际关系欠佳、对社会不信赖，甚至演变成反抗权威、反抗社会。所以这个阶段是关系人一生发展非常重大的时期，也是很多重要行为的关键期，包括智能的发展、学业的进行、人际关系的建立、异性的交往、价值观的确立及习惯的养成等。这些值得注意的特征可以概括为以下几个主要方面：

1. 生理上的剧变和性意识的觉醒

在生理上，中学生开始进入发育的第二个高峰期，这个阶段的身体成长变化可以说是日新月异的，因而使得他们对自身和异性产生了强烈的好奇心，并开始对异性表现出不同程度的好感，有的表现比较含蓄隐蔽，有的表现则相当躁动外露。

在生理变化方面还包括外表的变化。他们对于外表特别关心，而且很在意别人的看法，患得患失。若别人称赞他（她）很英俊或很漂亮，就觉得很高兴、很骄傲、很愿意和别人交往、参加社会活动；若被批评为不好看，就感到自卑，心情郁闷。

这些可说都是由于生理变化所衍生的需要和问题——需要了解自己的性冲动、了解自己身高体重的变化、认识和接纳自己的外表。

2. 自我意识的迅速增强

自我意识的增强，其突出表现，首先是有了明显的成人感，这是中学生最显著的年龄特征之一。由于性驱力的冲击，他们感觉到了新的"自我"，认为自己已经不是小孩子了，因此他们在内心极力想摆脱对家长和教师的依赖，希望能独立自主地处理一切问题。

同时，这种自我意识还突出反映在他们有了很强的自尊心，不能容忍对自己的任何轻视、斥责、压制和嘲讽，特别是在同龄人面前。但是，中学生的这种强烈的自我意识往往表现为很不协调的冲动和众多的矛盾。

他们想独立，却又离不开成人的帮助；想自尊，却又很容易走向反面。这是因为他们实际上还处在半成熟、半幼稚的时期，具有半成人、半孩子的特点，所以这个阶段又被人称为"心理断乳期"。这一时期，他们的自我是多方面的、相互矛盾的，有时候甚至是混乱的。

"我健康吗？"这是生理的自我。"我行不行？""我能不能？"这是智能的自我。"我喜欢什么？讨厌什么？"这是兴趣的自我。"我很稳定还是很神经质？"这是情绪的自我。"我该跟哪些人做朋友？""我的人缘怎样？"这是社会的自我。"我的人生目标是什么？""我心目中最重要的东西是什么？"这是价值的自我。

青少年时期个人是处在一个动荡不安的主观世界里，很需要寻找一个积极而稳定的自我影像，才不会迷失。其主要方法五花八门：一是强调自己的"长大"和"独立"，用唱反调、顶嘴、不理睬人等来做自我的追寻，显扬自己的个性；二是模仿偶像、追星，学他们的穿着、发型、举止动作，借此来肯定自己，仿佛自己也像他们一样风光和有个性；三是离家出走，想到外面打工挣钱，以为有了钱就有了自由，就可以脱离父母的管束；四是沾染上坏习惯，逃学、抽烟、喝酒、吸毒、沉迷网络，放浪形骸、自我麻醉。

3. 认知水平的发展不均衡

这种不均衡性，一是反映在他们的观察能力、意义识记能力、空间想象能力和抽象思维能力虽然都有了较快的发展，但由于性别成熟差异和潜能外现迟早的不同，他们在认知水平的发展上表现得很不一致，因而在急剧增加的中学课业负担面前也很容易出现两极分化；二是反映在他们的道德判断往往不明确、不稳定、不成熟，常常把一些对立的是非概念混同起来，譬如将固执当作"顽强"，将逞能视为"勇敢"，将自傲错当"自尊"，将思维的极端性、片面性误认为是"深沉"，等等。

4. 情感意志的不稳定性

中学生的情感表现得越来越丰富，并常常具有爆发性和极端性。但他们意志的形成却相对薄弱、滞后。因此，外现的情绪就很不稳定，容易大起大落，心理承受能力和自控能力都比较差，头脑发热常常多于理性的冷静思考。

在这个时期，中学生的问题行为也表现得比其他年龄段的孩子要多些。有的学生会表现出某种攻击性，有的学生容易出现较严重的挫折感和心态不平衡。

5. 社会交往圈子的不断扩大

进入中学后，广交朋友成了学生们生活中的突出需要。他们首先考虑到如何与异性交往，这倒并不等于说他们就一定是在"恋爱"了，而是因为如果没有几个异性做朋友，他们会觉得"很没有面子"。

但是，这个时期的异性交往是一个非常复杂的问题，异性之间的好奇、好感、吸引、神秘、暗恋、友谊、单相思与快乐、嫉妒、痛苦、担忧、惶恐、自责、自卑等复杂的情感体验纠缠在一起，往往使他们难以把持好自己。

面对着日益繁重的学习任务，面对着家长警惕的目光与无休止的唠叨，面对着学校严厉的规章制度和老师的批评教导，他们整天处在矛盾的心态中，在理智与情感的十字路口徘徊彷徨。

除了异性交往之外，中学生也非常看重同性别朋友的友情。他们经常为自己朋友太少而苦恼，或者为老朋友的离去甚至是"背叛"而痛心，更会为父母的误解和粗暴干预而愤怒。他们有的因为不敢交朋友，把自己封闭起来，所以变得很孤僻、孤独；有的有很多朋友，可是想摆脱却摆脱不了；有的不知道如何表现被人喜欢的特质，也不知道如何跟他人沟通。在大众传播方面他们的价值观往往在"接近就接受"的情况下形成，最常见的情况是：新奇的就是好的，并且不加以选择。在这种情况下，社会关系的扩大就隐藏了重大的危机，如果再加上一些不良的力量（如各种物质诱惑），就很容易走入歧途。

总而言之，这个时期的学生在心理上变化之大、速度之快、矛盾之多、影响之深，是人生其他时期所不能比拟的。这个年龄段是中学生可塑性最大的时期，是通过心理辅导促进人的发展成长的黄金时期，同时也是他们最容易形成不良品质、甚至误入歧途的"危险时期"。

上述五个方面是我们设计中学阶段团体心理辅导在理念上的客观依据。我们必须充分考虑到青少年的这些身心特质，在安排辅导主题时扬其所长，补其所短，充分地促进其潜能的发展，谨慎地引导他们绕过人生道路上的各种误区，朝着完美人格的目标前进。

第三节　辅导设计的步骤与内容

在开展团体心理辅导前，应该形成一份团体心理辅导设计方案。这份方案既是开展团体心理辅导的计划书，也是整个团体心理辅导的操作手册，同时也可以作为团体活动的过程材料。下面就介绍团体心理辅导设计的步骤，和应该包括的具体内容。

一、中小学团体心理辅导设计的步骤

团体心理辅导设计的步骤包括对特定群体和问题的了解与调查，确定团体的主题，收集相关的资料，确定团体的具体活动和流程，对设计的修改和完善等。

1. 问题调查

主题调查主要是了解特定群体的背景资料和相关问题，可以通过访谈、问卷调查、咨询实践等方式，了解中小学生中存在的主要困惑和他们的心理需求，选择中小学生群体中普遍存在的问题作为团体心理辅导的主题。

主题调查除了要了解辅导对象的身心发展状况，还要有如何促成学生顺利发展的对策思考。具体说来要重点考虑几个问题：

（1）正常个体在某一阶段的正常发展特征、期望、任务和行为是什么？

（2）某一个学生或特殊团体在某一阶段的发展特征、期望、任务和行为是什么？

（3）这些人在发展过程中受到哪些阻力？

（4）如何促进这些人的发展？

2. 确定主题

根据了解的情况，针对辅导对象的特征，确定一个尽可能具体的主题，设定一个初步的团体目标，形成对团体的大概设想。学校心理辅导有学习辅导、人格辅导和生涯辅导三个领域，每一领域都有其相关的主题和具体目标。主题的确定不仅会影响到活动内容的选择与设计，而且影响到整个辅导活动目标的实施和辅导效果的评估。

3. 收集资料

通过查阅书籍、文献、杂志等方式，收集和问题有关的理论和实践材料，加深对问题的了解，寻找对问题的理论解释，寻找设计团体心理辅导方案的理论依据，借鉴其他方案的设计思路。

在进行有关辅导活动的设计时，研究、分析特定主题的相关理论是设计是否合理、科学及实施能否取得成效的关键。资料的查找主要包括两个方面：

（1）问题的重要性及成因分析：该问题的辅导在整个辅导中如何定位？它有哪些影响，如何影响其他身心问题的发展？该问题的成因是什么？

（2）问题的辅导策略：针对该问题应采用何种特定的辅导策略？

4. 确定主要内容

包括团体心理辅导所采用的活动、参加的对象、需要的场地和设备等。

5. 形成团体心理辅导方案

将所有的想法写成一份详尽的团体心理辅导方案，明确说明主题、目标、对象、活动内容、活动形式、活动步骤等，形成书面计划。

6. 修改和完善

可以和同行一起考虑设计中是否有不够周全的地方，对团体心理辅导方案进行修订和完善。

二、团体心理辅导设计的内容

一份完整的团体心理辅导方案主要包含团体名称、团体的背景和理论依据、团体目标、团体的性质、领导者、对象与规模、时间分配、活动场地、团体活动过程、效果评估手段、特别说明等。

1. 团体名称

团体名称可以包括一个主标题和一个副标题。主标题可以正式一些，表明团体心理辅导的领域和内容。副标题则可以活泼生动一些，可以作为宣传招募成员时的标题，更好地吸引团体成员的加入。

团体名称要根据具体情况确定，特别是要考虑到招募对象的理解能力。如针对小学低年级学生的团体，名字最好要简洁活泼，像"找啊找啊找朋友"、"游戏大王集中营"等。团体名称还要注意心理辅导在对象人群中的普及程度，对一些不是太熟悉和接受心理辅导的团体，最好要淡化心理辅导的概念和字眼。总之，名称最好要时尚、通俗、委婉，让大家易于接受，不容易产生心理上的排斥感。

2. 团体的背景和理论依据

任何一个团体心理辅导方案的设计都是有针对性的。团体方案要对本方案的缘起、生活中现存的心理问题和现象及其危害等进行简要说明。同时，要阐述对这些问题和现象的理论解释以及采用本设计的理论依据，可以依据咨询心理学的流派，如精神分析、合理情绪治疗、行为主义，也可以依据一些具体的理论和实践，如敏感性训练、学习归因训练等来设计。团体方案依据的理论模式不同，团体的形式、介入处理的原则与具体的实施步骤也就不同。

3. 团体目标

通常一个完整的团体心理辅导过程包括了一系列的团体活动，在设置团体目标时，既要设置总目标，也要有每个阶段的目标和每次活动的目标。具体的目标设置可以从认知目标、情感目标、行为目标三个角度进行。目标不能太大太泛，要具体、可操作，可以评估目标达成的情况。

4. 团体的性质

不同的团体性质将对团体心理辅导的整个方案设计产生影响。因此，在团体心理辅导方案中，要说明团体的性质，如：是发展性、预防性还是矫治性的团体？是同质性团体还是异质性团体？是封闭式团体还是开放式团体？是结构式、半结构式还是非结构式团体？

5. 团体领导者

团体领导者在团体中起着引领和带动团体气氛的重要作用，在团体心理辅导方案中应列出团体领导者的基本资料，如领导者与协同领导者的名字、基本经验与培训背景、领导者个人的风格及所擅长的领域等。

6. 团体对象与规模

团体心理辅导方案要明确团体招募成员的要求、报名方式、招募与筛选方式。成员的要求包括性别、年龄、身份、心理需求与特征等。报名方式可以有自己报名、同学介绍、老师推荐等多种方式。招募与筛选方式一般有面谈、心理测试、填写问卷等，可适当解释筛选的原因，避免给未能进入团体的参与者带来负面心理影响。

团体规模主要根据成员的年龄、领导者的经验及能力、团体的性质与类型、成员问题的类型来考虑。一般中小学团体 8～15 人比较合适。同时，要根据领导者的经验和能力进行判断。经验不足的领导者，人数要少一些；经验丰富的，可以适当增加人数，但最好不超过 15 人。封闭性团体的人数最好少一些，开放性团体人数则可以多一些。此外还要考虑团体的内容和深度，治疗性的团体人数要少，才有利于参加者深入了解自己，让领导者更好地进行引导。

7. 时间分配

要说明团体的总体时间安排，如每次活动的起始时间、每次团体活动的持续时间、团体活动的时间间隔等。时间分配取决于团体的目的和所要解决的问题的性质。总体上看，一个主题的团体活动以 8～15 次为宜，每周 1～2 次，每次 1.5～2 小时，持续 4～10 周左右；成长团体、训练团体、人际关系团体次数可以少一些，一般 10 次左右；治疗性团体的次数可多一些，一般 10～15 次。时间的分配还要考虑团体成员的时间安排，例如要错开上课时间等。考虑周全后，一旦定下时间安排，最好不要随意更改，以保持团体活动的严肃性。

8. 活动场地

首先需要考虑的是室内还是室外。一些深层情感类的团体活动一般在室内进行，使团体成员有一种安全感。一些偏向行为和运动的团体可以在室外进行，如"信任背摔"最好能在沙地或草地上进行，既有足够的空间，也可以保证活动的安全。

其次是活动场所的布置、陈设、座位安排、舒适程度、色彩、挂图装饰等，也是要考虑的因素。对团体活动场所的基本要求有：避免太多的外界噪音和干扰；有一定的安全感，能够保护团体成员的隐私，不会有被人偷窥、监视的感觉；有足够的活动空间，不会让参与者感觉压抑；环境要舒适、温馨、优雅，使人情绪稳定、放松。一些特定的活动可能需要特定的设备，如素质拓展的许多活动都需要一些体育设施，心理剧演出需要舞台、音响及其他辅助工具等。

9. 活动过程

从团体开始的签订团体契约到团体的每次活动和最后的团体结束，整个过程的活动内容和步骤都要详细列出。每次活动又包括热身、领导者的引导、主题活动、团体成员的体验和分享、总结等步骤。

10. 效果评估

这是团体心理辅导的一个重要步骤，通过效果评估，才能了解团体预期目标的达成情况、团体成员的想法和感受、团体活动中的一些不足，便于今后改进。

11. 特别说明

团体的一些特别的要求、团体所需要的材料和需要学校支持的地方等，可以在最后列出。

第四节　辅导设计的注意事项

在中小学团体心理辅导的设计中，关键是要理清辅导思路，并避免陷入辅导设计的一些误区。

一、辅导思路决定辅导活动的成败

团体心理辅导的辅导思路，是指对团体心理辅导总体实施过程的理性思考，它基于我们对辅导主题及活动目标的深刻理解和反复斟酌。通过这种理解与斟酌，我们总是力求对某一主题的团体心理辅导方式作出明智的选择，期待自己能够清楚地把握实施辅导活动应该遵循的线索、路径及步骤，并把这些线索、路径和步骤以一种简洁的思维形式来加以体现。

辅导教师在团体进程中感受到的所有的成功、失败、挫折、遗憾，其实都是利用或者忽视了自己辅导思路的直接结果。因此，从某种意义上说，辅导思路决定了一节团体心理辅导课的发展趋势，甚至从一开始就决定了这节课的成败。

辅导思路是教师控制自己实现辅导目标的重要路径，是整个辅导进程的"作战地图"。一堂团体心理辅导课的设计，其关键在于理清思路，而不是在纸面上形式地写一个方案就可以万事大吉的。

这是因为团体心理辅导课是学生主体参与率很高、操作过程动感很强的活动形式。辅导活动的现场是瞬息万变、很难预测的，很多原先在纸面上形成的方案设计拿到课堂上往往实施不通。因此教师应把主要精力放在理清辅导思路上，把辅导理念和基本步骤仔细想清楚，并且多考虑几种可能出现的学生反馈的角度以及自己应对的预案，而不应拘泥于一些具体细节，更不要光把气力下在如何准备课件或自己的"台词"上。

学校里的学科教学其实同样如此，只不过学科教学的方案如果设计得不很理想的时候，教师可以凭经验临场作些调整，只要不脱离教材的基本要求，局面也就"支撑"下来了。但在团体心理辅导课上，如果设计思路没有理清，教师的辅导灵感就会窒息和湮没，团体的进程就会严重受阻，学生就会如坠重重迷雾之中，那么，即使活动形式再"花哨"，活动场面再热闹，也不能体现辅导的本质。

如果一堂团体心理辅导课在实施过程中不够流畅、效果不佳，除了教师个体因素外，问题往往就出在辅导思路的迷失上。

例如，有一位初中心理辅导教师在尝试组织一次初二年级的团体心理辅导《穿越情感的风暴》时，几次试教都觉得进程迟滞、不能真正激活学生参与活动的热情。自我反思的结果，发现是没有选好突破口，主攻方向不明。于是前后数次更改思路，先后选择了这样一些探讨的切入点：（1）中学生该不该谈恋爱；（2）异性同学交往的技巧问题；（3）异性同学交往的分寸问题；（4）异性同学交往的伦理道德问题；（5）异性同学交往的行为方式问题；（6）对异性同学情感的调控问题；（7）少女自珍自爱问题……经过一段时间的苦苦思索，最后理出了以下这样一条设计思路：

男女同学有好感是正常的——好感如果不加控制，任其发展，异性之间关系就可能会升级，导致交往过密——交往过密的表现是什么？——交往过密的后果是什么？——如何防止交往过密？

按照上述思路，这一节初中团体心理辅导课的重点是放在预防异性同学"交往过密"上。据此，教师设计了以下活动的流程：

独角戏："抽屉里的约会信"（异性间产生好感是正常的）——小品表演："打电话"（好感未加控制，异性同学关系升级）——脑力激荡："异性交往过密的表现"——游戏："扑克牌故事接龙"（异性交往过密的后果）——班级论坛："你说我说"（如何预防异性交往过密）——小结。

思路理清之后，整个辅导活动就如行云流水一般顺畅，取得了良好的辅导效果。

二、辅导活动设计中可能出现的问题

辅导教师在活动设计过程中，需要注意防止出现以下几个问题：

1. 活动设计未顾及学校教学规律，缺乏可行性

中小学的团体心理辅导课在大多数情况下要受学校教学计划的宏观节制，不可能像高校那样有比较宽松、灵活的时间安排；尤其在中学，在激烈的升学竞争压力下，不少学校做不到像小学那样稳定地保留一定的活动课程时间。

因此，除了利用节假日专门组织的青少年成长活动营之外，团体心理辅导的活动设计必须考虑时间上的可行性。许多在大学团体心理辅导中流行的活动或游戏，做完一个就常常需要 40～80 分钟的时间，如果照搬到中小学团体心理辅导中来，显然脱离了中小学的实际情况。因此，选择或设计活动首先应该考虑的是，总时间不突破中小学每节课课时的时限。

2. 活动设计的流程与架构照搬教材，缺乏独立性

团体心理辅导的设计与实施最好有比较系统的"学生活动手册"与"教师参考用书"，以便作为单元规划、活动选题的依据；这种学生用书与教师用书所起的作用主要是提供辅导理念与参考资料，真正要转化成操作性的团体心理辅导，还要靠教师创造性的劳动。但有些团体心理辅导的设计却常常因循学生用书或教师参考用书的套路，在设计的流程和架构上缺少一种独立性。

其实，各地编写的团体心理辅导课的学生用书，只是一种阅读文本，而并非活动方案。为了体例的统一和形式上的新颖，编写者往往把一节课分为固定的几个栏目，冠之以诸如"明镜台"、"智慧泉"、"回音壁"、"启思录"一类的栏目标题，作为书面材料，这是无可厚非的。

但如果在活动设计中也都照葫芦画瓢地分成这样几部分，就会导致"形式禁锢内容"，使操作流程变得非常呆板。更有甚者，有些教师在设计活动之前，还没有一个总体的考虑，就先把这一类模式套用起来，结果不少活动方案在设计阶段就似乎已经失去了生命活力。

3. 活动设计的形式偏爱"花拳绣腿"，缺乏平实性

团体心理辅导的设计不要过分讲究"花哨"和"包装"，一切要从学校和学生的实际出发，从"实战"的需要出发。例如，辅导理念的陈述不必像论证一个科研课题一样洋洋洒洒，动辄几千字，因为在实际的教育工作环境中，教师不可能有那么多的时间去旁征博引。

活动的话题不必刻意迎合学生的兴趣，许多发展性的话题也许并不"有趣"，甚至会有些"沉重"，但却十分必要，因为青少年也需要在一定的痛苦和磨砺中成长。活动形式也不一定非得要讲究"新鲜"、"轻松"，无意义的"噱头"和炫目的"包装"只会使团体活动变得"飘浮"。

4. 活动设计的素材"千人一面"，缺乏创造性

现在有些辅导教师上团体心理辅导课，喜欢套用小组团体心理辅导中的一些游戏，连提的问题也和小组团体心理辅导游戏之后的分享内容一样。辅导教师使用的教案，总给人一种似曾相识的感觉，因为大家都是套用某高校某教授编写的某个团体心理辅导本子里的游戏，有些教案甚至就是几个游戏的简单叠加。不要说让学生年复一年地去做这些游戏，就是自己看看这些千篇一律的东西，也会失却一种创造的激情。须知所有的游戏一开始都是新鲜的，但所有的游戏用滥了之后就都是令人生厌的。

学校心理辅导课活动素材的不竭源泉蕴藏于学生鲜活的生命活动之中，作为一个辅导教师，仅仅接触学生个案还是不够的，我们还必须深入到学生所在的班级中，去感受班级团体日常运作规律的原生态，去了解学生班级生活、宿舍生活、课外生活中的生动故事，方可挖掘和提炼出有声有色有创意的心理辅导课的活动素材。

4. 活动设计思路混乱、繁杂或狭窄

设计活动方案的第一大忌是思路混乱。表现为"以其昏昏，使人昭昭"，到底要解决什么问题，用什么活动形式去解决问题，如何确定具体路径以指向问题的解决，连自己也稀里糊涂。所以我们在考虑方案的思路时，首要的事情是要深入思考，因为想得清楚才能说得清楚，说得清楚才能写得清楚。一定要从逻辑层次上注意先后次序，注意由浅入深、由部分到全体、由人际表层互动到深层分享互动、由行为层次到情感层次再到认

知层次，逐步深化活动主题；特别是一定要围绕一个明确的核心理念，方可做到前后连贯一致，环节过渡自然，整个设计脉络清晰。

设计活动方案的第二大忌是思路繁杂。表现为"贪大求全，面面俱到"，想在一堂课解决许许多多问题。而考虑得太细太多则往往滞留于肤浅，失之于繁琐。因此设计思路应力求简洁，贵在深刻，既能想学生所想，又能想学生所未想，方可引领学生步入胜境，攀升情感与认知的新高度。

设计活动方案的第三大忌是思路狭窄。表现为"照猫画虎，形式单一"，教材怎么规定就怎么设计方案，思路跳不出书面材料的框架，跟在文本后面亦步亦趋，毫无创新。思路狭窄的主要原因是理论的苍白与资料的匮缺，因而不能拓宽设计者的视野。解决的办法也须从查找文献、寻找理论支持和已有经验入手，再结合现有的资源和活动目标进行量体裁衣，并力求多考虑几种备用方案，比较其优劣，方可逐步突破设计思路的"围城"。

第六章　中小学团体心理辅导的实施

　　　　团体是一个在人际互动的过程中探索自我、改变自我、提升自我的地方。团体心理辅导的实施主要是根据事先拟定的团体目标和辅导方案进行的实际辅导实践。尽管不同的团体在运作时有些具体的细节差异，但一般的实施过程都主要包括了成员招募和筛选、团体规范的建立、团体的开始、团体的运作、团体的结束等几个方面的内容。

第一节　团体成员的招募和筛选

团体的主体是各不相同的团体成员，俗话说"人心不同，各如其面"，由不同性格特征、不同需求的人所组成的团体必然是复杂的。因此，如何根据团体的目标选择合适的团体成员将极大影响团体的效果。

一、成员的招募条件

不同的团体对成员有不同的要求，在招募的时候，要明确说明这些要求。一般来说，团体成员要符合以下几个基本要求：

1. 有主动参与和积极改变的意愿

在招募过程中，要考虑团体成员的主动参与意愿。团体成员只有拥有主动改变的意愿，才能在团体活动中积极配合，认真执行各项要求，才能提高团体活动的效果。在中小学阶段，在招募团体成员的过程中，有些学生是家长带来的，有些学生是班主任或科任老师推荐的。这时要注意询问学生的参与意愿，如果抵触心理比较强，可以适当进行一些引导，改变他们对团体的态度。

2. 有与人交流的愿望与能力

团体的本质就是人际交流，通过人和人的互动达到探索、改变和自我成长。因此，参加团体的成员必须要有与人交往的意愿。一个极端封闭的人不但难以完成团体的各项活动，而且还容易给整个团体的运作带来阻碍，影响团体各项活动的正常开展。

3. 能参与团体活动的全过程，并遵守团体的各项规则

团体成员要有时间参与团体的活动，能保证参与团体活动的全过程。

同时，还要遵守团体活动的规则。团体是由许多人组成的，如果忽视团体活动的规则，团体的活动将难以有效开展。

4. 符合特定团体的具体要求

不同主题的团体对成员构成有不同的要求，需要根据具体要求挑选成员。在根据团体的目标招募团体成员时，团体的成员可以是背景、问题相似的人，也可以是不同的人。同样背景的人可以使参加者相互认同，共同积极地、投入地探讨解决问题的办法，但也可能出现由于问题类似而难以互相学习的不利情形；不同背景、不同问题的人在一起有利于了解不同人的心理与行为，差异越大，复杂程度越高，越有充分的机会去互相学习和改变自己，行为冲动的成员可以从沉稳的成员身上学习冷静，内向、不善社交的成员可以从外向活泼的成员身上学习交往的技巧。但是如果成员差异太大，也可能会出现一些矛盾，例如一些成员爱表现而总是影响另外一些成员的表达。

二、成员的招募途径和方法

招募成员的方法很多，主要的方式：通过各种宣传手段，让成员自愿报名参加；学校心理辅导教师根据平时的工作和咨询情况，选择团体成员；通过班主任或科任老师推荐；通过家长鼓励子女报名参加。

在平时的实践中，宣传是最常采用的招募方法。在中小学常用的宣传方式有：集会上的宣传、海报和宣传栏、校园广播和校园网。集会上的宣传主要指利用学生集中的时候或者举办一些活动时进行口头的宣传。这种方式比较直接，有适当的相互沟通，可以增加学生对团体的兴趣，是一种比较有效的方式。海报和宣传栏的方式可以通过学生会等学生组织的帮助，制作招募海报，在学生出入较多、容易引起注意的宣传栏、操场、食堂等地方张贴。海报要注意内容明确、形式生动活泼。校园广播校园网络的及时性和交互性也使团体成员的招募更为便捷。

三、成员招募的注意事项

首先，无论是哪种宣传方式，都要包括标题、团体内容简介、时间、地点、人数、报名地点、成员要求、报名截止日期这几项内容，也可以根据实际情况增减内容，只要能让学生便于理解、易于参加即可。

其次，在宣传时表达要恰如其分，实事求是，清楚具体，不能用过分夸张的语言。措辞要慎重，既要富有吸引力，切合参加者的需要，又不过分；要选择正面的、积极的词语，少用消极的、敏感的词语。有相当一部分学生本身就由于自信不足而害羞退缩，不敢和他人主动交往。在招募这类对象时应避免负面取向的形容词，采用"欢迎对人际关系有兴趣、愿意探索有效的社交方法和技巧的人参加"，这对于求成心切、渴望发展的任何人都会有吸引力。意在帮助他人尽早走出情绪的低谷，重新鼓起生活勇气和希望的团体，可以用"情感支持团体"、"互相关心团体'等词语来命名。招募这类成员时也不宜公开张榜，可采用班主任、同学、咨询员推荐的方式形成团体。

四、团体成员的筛选

对于参与团体的成员，既有团体的要求，还有团体成员自身的条件限制问题，并非每个人都适合参加团体心理辅导。即使是主动报名、自愿参加团体心理辅导的申请者也不一定都适合成为团体成员，所以有必要对报名的学生进行筛选，有时甚至会在筛选过程中发现一些存在严重心理障碍的学生。

筛选需要考虑的主要因素有性别、年龄、民族、宗教信仰、家庭状况、心理健康状况、人格特征、参加团体的动机、对团体的期望等。可引导申请者思考以下的问题：为什么要参加团体心理辅导？目前面临的主要问题是什么？对自我形象的看法如何？是否考虑改变？想从团体中获得什么？和团体的目标一致吗？是否了解团体的目的与性质？以前是否有过团体经验？希望知道团体的哪些信息？

筛选常用的方法有面谈法和测验、问卷法。两种方法各有优劣，配合使用能达到比较好的效果。

面谈法主要是通过与申请者面对面沟通的形式进行成员的筛选。面谈的主要优势在于能迅速、全面、准确地了解申请者的各项信息，并通过面对面的交流，让成员对团体建立初步的信任关系，缓解担心和害怕心理。但面谈法比较费时，如果申请者较多，需要通过问卷的方式进行初步筛选。

测验和问卷法主要通过心理测验或者调查问卷的方式进行成员筛选。可根据具体要求选择涉及心理健康、人际关系、家庭教养、人格类型、自我概念等方面的心理测验或制作包含筛选问题的问卷。测验和问卷法的优点是相对比较客观、省时省力，在申请者众多的时候可以作为初步筛选的重要手段。

第二节　团体开始前的准备

在经过团体活动方案策划、团体成员的招募等一系列程序后，就要进行团体开始前的准备。主要内容包括提升团体成员的参与积极性、签订团体契约、制订团体规范等内容。

一、提升成员的参与积极性

团体心理辅导的效果往往与团体成员的参与积极性密切相关。在团体开始时，要通过各种方式提升团体成员的参与积极性。

1. 了解团体信息

在团体心理辅导开始前，要为团体成员准备一些与团体心理辅导有关的文件、资料，要求参加团体活动前阅读。这些资料一般包括团体心理辅导目标的解释与说明；团体心理辅导所用的技巧与程序；领导者的教育背景、训练与资历；在团体中成员的责任；如何去接受和付出反馈、如何分享分担正面和负面的感受、如何告诉别人你对他们的感受等。另外，也可以组织成员观看与团体活动有关的录像、电影，使成员了解团体活动的实况。通过这些方式，可以促进成员对团体的了解和兴趣，增加对团体的信心，提高参与的积极性。

2. 引导建立参加团体的积极信念

团体成员只有具备正确、积极的态度，才能在团体活动中真正得到心灵上的成长。在团体的开始，领导者要协助团体成员建立以下信念：

（1）积极参与。对于心灵的成长而言，没有人可以比你自己更重要。如果你自己不积极主动，那么无论多么有趣的活动、多么有能力的领导者，都无法让你获得收获。一个沉默的旁观者，不仅自己的收获是有限的，而且会被别人认为是冷漠和不安全的。同时由于个人不主动地参与团体，会阻碍团体的发展，影响其他团体成员的参与积极性，也会剥夺别人从你这里学习的机会。所以要鼓励团体成员在团体中扮演积极主动的角色。

（2）自由表达。有两个意思：一是让自己的想法真实表达，不要压抑，许多问题就是由于压抑太久形成的；二是允许采用不同的表达方式。嬉笑怒骂皆人生，团体就是探索的地方，在不违背团体规范的情况下，只要你能想到的方式，都是允许的。

参加团体的主要目的之一是学习如何以直接的态度表达感受，包括正面或负面的感受。在平时，人们常常会压抑自己的思想与感情，害怕表达不当、过于夸大或保留太多。团体就是提供一个安全的情感和人际支持环境，通过每个人的自由表达，从而探索问题、体验过程、获得成长。团体情境相当于一个微缩的小社会，只是它是安全的，所以可以用各种方法表达自己的不同侧面，要允许自己自由地表达。在这个过程中，可以充分了解自己的内心想法，找到让自己感觉满意的表达方式。

（3）期望适当。每个团体成员都带着一份改变自我的期望而来，但是在心情过于急切和不了解团体的情况下，会对团体给予许多过高的期望，例如希望通过参加一次团体心理辅导，就给自己带来全新的改变，希望通过团体解决自己的所有问题等。所以要引导团员调整对团体的期望值，重在自己积极参与，在活动过程中充分体验和行动，相信自己，努力去尝试。团体心理辅导不能解决全部问题，但它会给你带来全新的体验和感受。

（4）重视成长。许多参加团体的成员都在被过去和当前的许多问题困扰。团体的一个基本理论假设是不论你目前的情况如何，团体可以使你有机会探索自己的感受、价值、信仰、态度、思想和考虑可能的改变，协助你解决问题，得到成长。所以要把关注点放在成长上，而不是一直为目前的问题忧心忡忡。

二、签订契约与团体规范的确立

为了更好地实现团体的目的，让成员遵守团体的规定，在开放而安全的氛围下进行团体活动，在团体建立的初期，需要让所有团体成员签订一份契约。契约可以是口头的，也可以是书面的，视团体成员的习惯而定。为了增加团体活动的严肃性和对成员行为的约束性，建议还是签订书面协议。

团体契约是一份团体成员对团体的承诺，明确规定了团体成员的权利与责任，可以更好地引导团体成员达到团体目标。同时也可以使成员清楚团体的运作方式和团体对他的要求，对团体作出承诺也能提高对团体的安全感。

契约的内容由领导者和团体成员协商确定。一份完整的契约一般包括：

1. 团体理念和团体目标；

2. 团体运作的主要方法，如讨论、游戏等；

3. 团体的聚会时间、地点、次数，无法参加活动时的解决方法和无故不参加者的处理方法；

4. 团体领导者和团体成员的权利与义务；

5. 团体内信息的保密；

6. 团体成员和领导者的联系方式。

没有规矩，不成方圆。除了签订简单的团体契约，团体心理辅导开始前，团体的领导者还必须宣布团体活动的原则，要求全体成员保证遵守，这是团体心理辅导顺利进行的保证。团体活动的原则主要包括：

1. 保密。对在团体活动中了解的信息必须保守秘密。

2. 坦诚。团体活动中成员应以坦率、真诚、信任的态度相待，不掩饰自己情感，敢于自我表露。

3. 反馈。接受他人对自己的反馈，同时积极给别人的表达提供反馈。认真聆听每一个成员谈话，接纳他人，尊重他人，对他人的表露应耐心倾听并提供反馈。

4. 团体交流。活动中应尽量争取机会和团体内每一个人都有交流的机会，避免只与自己喜欢的人交流。

为保证团体的成效，领导者可以要求成员保证做到团体要求，甚至可以根据实际情况制订团体规范承诺书，如果成员不愿意承诺，可视为自动退出团体。

第三节　团体活动的运行

完成了团体开始前的准备工作后，就进入了正式的团体活动。好的开始就是成功了一半，所以团体的第一次聚会就非常重要。团体的领导者要对团体开始时成员的心理、团体开始时的导入、团体开始时的活动设置等作详细的考虑，认真筹划团体开始的安排，使团体活动得以顺利开展。

一、团体活动的开始

团体开始阶段，成员之间对彼此的背景、性格等都不熟悉，大部分人会有点焦虑和紧张，怕别人发现自己的问题，怕出丑，怕不被人接纳，缺乏安全感和归属感。为了增加团体成员的安全感，领导者在第一次团体聚会时，要考虑如何开场，让团体成员能够在最快的时间内彼此熟悉，从而缓解焦虑和紧张，为团体活动的开展做好心理上的准备。

根据团体开始阶段的特点，领导者可事先把团体活动室布置得活泼生动一些，并以亲切愉悦的态度欢迎团员的到来。安排一些自然、简单、容易吸引成员互相认识的游戏和活动，促进成员互相沟通，达到相识的目的。开始阶段的活动应以加强成员之间的认识和沟通为主，使成员建立信任关系。

二、团体开始时的具体操作

1. 进行初步介绍，包括领导者介绍团体的目的、性质和团体成员的构成和基本情况。团体领导者用一两分钟做简要说明后，就是团体成员的互相介绍，介绍的内容可以多种多样，如姓名、今天的心情、自己最喜欢的动物及原因等，常用形式的有自我介绍和他人介绍。

2. 进行促进互相熟悉的游戏，常用的有"找同伴"、"扯龙尾"、"猜猜我是谁"等。

3. 进行团体的初步探索。可把团体分成小组，先进行小组讨论，再回到大团体分享讨论，分组可以增加成员参与讨论的机会。讨论的问题举例如下：

（1）关于过去的团体经验。如："各位过去是否参加过类似的团体？你的经验如何？"

（2）关于团体成员的参与动机。如："你怎样知道这个团体？你参加这个团体的初衷是什么？"

（3）关于团体成员的关系。如："我们团体的成员中有没有彼此认识的？如果有，你会担心些什么？"

（4）关于自愿及非自愿参加者的感受。如："你愿意参加本团体吗？如果你不是自愿参加的，为什么被送来？目前的感觉怎样？"

（5）关于成员对团体的期望。如："在我们这个团体里，各位最希望学到什么？愿意以怎样的态度来参加这个团体？大家对这个团体的期望是什么？或许每个人可轮流分享，也可以谈谈你希望团体是什么样子的，你有什么担心没有？"

这些讨论内容的最后一项是关于团体成员对团体的期望，对期望的讨论和明确不仅可以帮助团体成员介绍自己，并且可以将焦点投向团体的目标。

4. 第一次活动结束。当结束第一次活动时，领导者应邀请成员表达各自的感受，以便为成员以后积极参与团体做预备。领导者可以提出的问题有：你对这次活动感受如何？它和你想象的情况有多大差别？团体中发生的事件有什么是你不理解或不喜欢的？你从团体中学到了什么？你觉得团体应该在哪些方面进行改变以便让大家都能有所收获？

这些问题可以采用口头提问，也可以采用反馈问卷的方式由成员填写，既能增加团体成员对团体的参与程度，也能让他们明确参与团体的目的和自己所需要的行动。

三、团体运作的主要内容

随着活动的逐渐深入，团体成员的关系也由表及里，由浅入深，相互认同，相互信任，慢慢形成相互合作的团体气氛。他们通过互相探索、解决矛盾、互相适应来找出他们在团体内相互间的关系。

因团体目的、问题类型、对象不同，这一阶段采取的团体活动形式和方法也有所不同。可以采取自由讨论、写体会、写日记、行为训练、角色扮演、心理剧等方法，也可以采取系列活动的形式，比如先由领导者系统讲授有关知识，然后通过讨论，认识问题、分析原因、寻找解决对策。成员通过讨论交流，彼此沟通，达成共识，从他人身上领悟自身的问题，从他人的意见中得到启发。最后通过深入思考探索，确立信心，找出改变的途径。

发展性团体大多通过一些有趣的活动，比如自我探索、价值观探索等，以及活动后的交流分享来帮助团体成员成长。自我探索常用的活动有"我是谁"、"生命线"、"自画像"、"墓志铭"、"生命计划"等。价值观探索常用的活动有"临终遗命"、"火光熊熊"、"生存选择"、"姑娘与水手"等。

团体活动是团体成员互动的媒介，也是达到目标的媒介。团体采取什么方式互动，要根据团体目标和成员特点选择。对中小学生而言，采用形式多样、讨论和游戏结合的方式效果较好。

四、团体运作中常见情况的处置

1. 沉默

团体成员由于性格和认知等原因，在团体讨论和分享环节中会出现沉默，特别是团体成员之间关系不是很好的时候，更容易出现这种情况。团体领导者要寻找导致沉默的具体原因，采用不同的应对方式。

如果是因为认知原因，需要对成员的看法和观点进行澄清和辩论。如果不是由于认知原因，则可以适当方式鼓励发言，鼓励先进行个别交流，然后在团体中进行发言。如果是成员觉得不安全，就需要帮助成员分析这种不安全感是来自环境还是自身，这个过程既是一个自我发现的过程，也是自我成长的契机。

2. 依赖

在团体中，有些成员会出现被动和依赖的情况。领导者一方面要鼓励成员多作思考，另一方面还要让成员意识到自己在团体中的角色，认识到自己的责任和作用。可鼓励他们发表自己的想法，让他们主动承担某些活动的辅助工作。

3. 攻击

在团体活动和讨论时，有时会出现攻击性语言和行为。领导者要分析攻击性背后的原因，是因为原来受过伤害、过于自负还是对团体有意见。一般来说，对出现攻击性行为的成员需要进行个别辅导，同时也可以引导他们和其他成员之间采用更恰当的表达方式。

4. 爱表现

寻求关注是人的基本需求之一，但有些成员会出现过度的自我表现，这往往会因为影响其他成员的表达而导致别人的不满和反感。团体领导者可采用一些技术手段，如限定发言时间和次数、随机选定发言人等创造均等的机会，让每个成员都有平等的活动权利。也可以通过讲授一些人际交往技巧，让爱表现的成员学会如何尊重他人的需求。

5. 不投入

不投入常常是与团体活动抗拒的表现，主要原因有被迫参加、以往的不愉快经历、自我认知偏低、自信不足、不安全感、期望与实际有出入等。要根据不同的问题，采用调整认知、营造温馨热情的气氛、积极关注等方式，让成员体会到团体的好处，从而改变自己的认知和行为。

团体运作阶段是团体活动的核心，其效果直接影响到团体目标的实现。虽然各类团体心理辅导依据的理论不同，采用的活动方式、实施方法不同，但成员间相互影响的过程是相同的。成员彼此谈论自己或别人的心理问题和成长体验，争取别人的理解、支持、指导；利用团体内的人际互动反应，发现自己的缺点、弱点与存在的不足，并加以纠正；在团体中练习改善自己的心理与行为，以便今后能扩展到现实生活中，更好地适应社会、发展自己。

五、团体的结束

这个阶段主要是巩固团体心理辅导的成果，为团体成员的离别做好心理上的准备。经过了一段时间的团体活动，团体成员间已经建立了深厚的情感联系，团体的结束也是一次情感的分离过程。一个好的团体结束可以让成员带着从团体中学会的认识和行为，更好地去适应现实的生活。团体结束的主要步骤如下：

1. 提前宣告结束时间

一般聚会 10～12 次的团体，领导者应在最后 2～3 次活动时预告团体结束的时间。团体活动次数多、持续时间长，或团体成员凝聚力强，特别是成员曾有分离悲伤经验者，应该提早一些时间预告团体结束时间，使成员可以有充分时间做好心理准备，领导者也有足够的时间在必要时妥善处理成员的分离失落情绪。

2. 回顾总结

可由领导者和成员分别总结。领导者可通过复习团体活动、回忆团体中的重要事件等方式，带领成员回顾团体的经验，将团体心得、体会、收获加以系统整理。领导者可以这样说：我们必须结束我们的团体了，希望大家想想它对你的意义是什么？哪些活动对你影响最大？剩下的时间，让我们一起来回忆一下我们经历了什么？也可请团体成员轮流用几句话来表达自己的感受和收获。

3. 进行效果评估

可通过成员填写反馈问卷，分享自己在团体中的体验和成就，通过展示团体中的改变或学习上的成果、成员彼此反馈勉励等方式，对团体的整个过程进行效果评估。

4. 制订面向未来生活的目标

领导者可引导成员思考和制订团体结束后个人想努力达成的具体行为目标，团体成员可以通过互相约定，彼此勉励，以使团体中获得的成效得以在现实生活中维持并扩展。

5. 道别与祝福

团体成员互相道谢与话别，表达相互的期望与祝福。可以发挥团体成员的想象力，采用不同的方式进行。互赠祝福卡、心愿卡、赠言卡等对于团体成员将会是一份最珍贵的礼物，它们可以为团体成员收藏。团体结束后，成员赠送的文字和团体的照片都将永远陪伴在身边，既是一份美好的回忆，也能鼓励自己积极进取，不断努力向上。

第四节 团体活动各阶段的侧重点

根据团体成员的心态、领导功能及团体动力开展等不同情况，团体心理辅导一般分为开始阶段、过渡阶段、正式阶段和结束阶段。每一个团体发展阶段在心理辅导活动中都有不同的侧重点。

一、开始阶段

团体刚开始进行时，团体的成员互相都不熟悉，在心理上会比较紧张，所以这个阶段应该重点进行促进相互认识和制造轻松气氛的活动，以缓解紧张和忧虑情绪。要从营造轻松气氛开始，在自由宽松的状态下让团体成员互相认识，说明团体的目的，澄清团体成员的期望，建立团体契约与规范。具体来说要注意把握以下几点：

1. 营造轻松气氛

首次面对陌生的团体成员，大家心中都会有或多或少不自在的感觉，这时要设计一些能协助团体成员放松的练习，以侧重于肢体活动和心灵放松的游戏为佳，如"抓乌龟"、"松鼠与大树"等，既可以活跃气氛、消除拘谨，也可以调动大家的兴趣，同时可播放一些和活动气氛相符合的音乐。

2. 成员互相认识

让成员在宽松自由的气氛下相互认识，是团体开始的一个重要内容，可用"猜猜我是谁"等促进互相认识的游戏。如果人数比较多，则可以组成小组，让小组成员先互相认识，然后再扩展到整个团体成员的互相认识。在这个过程中，要尽量能让每个成员把自己的名字、性格特点、兴趣爱好等介绍给大家，让其他成员印象深刻，容易记住。

3. 介绍团体

团体领导者要说明团体的基本背景、团体的目标、团体成员的构成、团体的规则、团体成员和领导者的权利与义务等，与团体成员建立共识。在这个步骤中也要注意了解团体成员对团体的看法和要求，了解成员对团体的需求和期望。

4. 签订契约

任何一个团体活动，规则都是非常重要的，加入与退出、准时到达、遵守团体规则等方面，都需要与团体成员一起制订相应的规则。还要让每个团体成员签订团体契约，共同遵守这些要求，既表示团体活动的严肃性和专业性，又能提升团体活动的效果。

5. 简单分享

主要是进行初步的介绍、认识和分享，以简单、活泼的活动为主，不要急于求成。只有基本的安全感和熟悉感建立了，接下来的活动才能顺利开展。

二、过渡阶段

这个阶段的辅导活动主要围绕增加团体信任感、促进自我表露、提升凝聚力来展开。

1. 促进互相信任

团体成员的信任是团体关系的基础，不同的团体成员对其他成员的信任可能会有不同的表现，有些成员比较容易和他人建立互相信任关系，有些成员则可能有比较强的怀疑和防御心理。这一分阶段的常用活动有"信任背摔"、"风中劲草"、"盲人看世界"等。

2. 促进自我表露

自我表露的程度不仅体现了团体成员对团体的信任，对团体成员自身的改变有积极意义，更是团体活动深入的重要表现。在确保安全感的情况下，要鼓励团体成员自我表露，常用活动有"生命奇迹"、"伴我成长"、"乔韩窗口"等。

3. 提升凝聚力

在信任活动和自我表露的过程中，有些成员可能会出现一些不积极参与和消极应对的情况，这会对团体活动的深入开展起阻碍作用，所以要对这些行为进行一些集体讨论和剖析。可以设置一些讨论，也可以借助一些活动来促进这些成员的自我探索，如"优点与缺点"、"惯性作用"等。通过分析和沟通，团体成员之间会有更深的了解，团体的凝聚力会得到提高。

三、正式阶段

这个阶段的主要任务在于实现团体的预期目标，主要活动要围绕团体的主题和成员的需求展开。

1. 团体目标

开展和团体主题相关的活动，将团队的活动引导到预先设定的目标上，开展学业促进、生涯探索、自我成长、人际交往等主题的活动。

2. 成员需求

一般来讲，团体的主题和目标都是事先拟定好的，团体成员在加入的时候，其需求基本和团体的目标是吻合的。这个阶段要注意把团体成员的需求和具体的活动联系起来，让团体成员感受到团体的目标和自己的目标是一致的。有些成员可能在活动中会出现一些其他的问题和需求，领导者可以适当作一些调整，增加一些相关的活动。如果问题依然存在，可以考虑让该成员加入相应主题的其他团体。

3. 鼓励分享与自我探索

团体心理辅导是学生的自我教育活动，因此活动设计应充分调动学生自身的教育资源，鼓励学生做深入的自我探索，而不是依靠教育者的说教或社会规范的灌输。要让学生在较深的自我开放与自我卷入中，通过自我体验、自我领悟、自我实践，促进自我成长。

4. 引发领悟，整合经验

学生在参与和分享中获取新的想法与感受，从而引发领悟，开启改变与成长的契机。学生的参与以及彼此间的分享与回馈，使学生能把别人以及在活动中获取的新经验与自身的经验加以整合，从而深化辅导效果。

5. 促成行动

为落实学生领悟与经验整合所取得的效果，鼓励学生积极采取行动和演练成果，确保辅导活动的效果在知、情、行三个维度上的统合和完整。

6. 团体发展的停滞

团体活动并不都是一帆风顺的，有时会出现一些反复和停滞不前的情况，在开展团体心理辅导活动的过程中，如果遇到这些问题的发生，则要有相应的反思和探讨的步骤和行动。

四、结束阶段

这个阶段应该让整个团体的活动从深层回到浅层，从问题的探索、感悟和体验回到反思、总结和回顾。要侧重于做一些回顾性的、轻松的活动，让团体成员进行自我评估，填写团体活动反馈表，并处理团体结束、团体成员分离的情感，让团体成员互相祝福与激励。也可以引导他们在团体外开展一些聚会活动，鼓励他们将在团体中获得的成长应用到现实生活中去。

第五节　团体心理辅导与学校心理健康教育

　　面向全体学生，提高全体学生的心理素质，促进其心理健康，是学校心理健康教育的主要目标。学校团体心理辅导让学生通过观察、体验来认识自我、接纳自我，解决他们在学业、人际关系、价值观等方面觉得困惑的问题，有助于改善学生心理健康状况，开发心理潜能，增强心理素质。团体心理辅导在学校心理健康教育中发挥着重要作用。

一、团体心理辅导是学校心理健康教育的有效途径

　　团体心理辅导能满足学生的不同需求，其辅导方式可以为学生提供实际团体生活的机会，促进学生直接经历与人相处的经验，启发有益的人际关系互动，帮助学生健全自我概念，促进学生的社会化发展，是学校开展心理健康教育重要、有效的途径。

　　1. 团体心理辅导满足了相同年龄段青少年学生共同的心理发展需要

　　同一年龄段的学生，心理发展基本上处在同一水平上，他们在学习、生活、人际交往和自我意识发展过程中遇到的一些发展性问题，完全可以通过团体心理辅导来解决，使同一年龄段的学生在个性心理品质的整体发展水平上得到提高。

　　2. 团体心理辅导为学校发展性心理健康教育的操作过程提供了广阔的心灵舞台

　　从学校心理健康教育发展性、预防性功能的操作过程来看，在实施各种辅导目标时，无论是认知的转化、情感的升华，还是情绪的调控、行为的训练，都有一个发生、发展、蕴蓄直至提升的渐进过程，都需要有一段

相对来说比较充分、比较集中的辅导时间，并需要围绕一个比较专一的辅导主题。团体心理辅导可以提供这样一个平台，使学校心理健康教育的实施有广阔的心灵舞台。

3. 团体心理辅导为学生个性的发展创设了和谐的氛围

从学校心理健康教育对人个性发展的影响来看，团体心理辅导是一种心灵与心灵的沟通，是一种人际间相互信任、相互帮助的友爱关系，是一种人性化教育的融洽氛围。大量的实践经验表明，当学生接受团体心理辅导时，他的情感体验和心灵上受到的震撼力是他在个别辅导、主题班会、课堂教学及心理健康理论讲座等其他场合下所无法比拟的。

当然，我们强调团体心理辅导是学校心理健康教育的重要载体，绝不是说可以忽视或轻视其他心理健康教育工作形式的综合作用。恰恰相反，只有把心理辅导专门活动融入认知教育而成为学生在校活动的一部分，并且由心理辅导教师、班主任及科任教师广泛参与这项活动，辅导才能普遍地、广泛地影响学生生活而达到预期的目的。

二、团体心理辅导在学校心理健康教育中的运用

1. 团体心理辅导的理论在学校心理健康教育中的运用

团体心理辅导中的团体动力学理论、社会学习理论以及人本主义理论和理念对学校心理健康教育具有重要的运用价值。如把团体心理辅导的理论应用在学生心理素质训练课程中，可以突破传统的课堂教学，通过建立良好的课堂氛围、有效互动的师生关系和学生的体验性学习，把学生学习知识和个人成长相结合。通过团体内人际交互作用，促使个体在交往中通过观察、学习、体验，认识自我、探讨自我、接纳自我，改善与他人的关系，学习新的态度与行为方式，发展良好的适应行为。

通常一些心理素质训练课程的设计，如领袖才能培训班、学习技巧小组、升学就业辅导小组、人际关系工作坊、自我潜能开发营、自我肯定研习班、互助小组等，都是以团体心理辅导中的相关理论作为依据的。

2. 团体心理辅导的技术在学校心理健康教育中的运用

心理辅导各种技术已经渗透到学校心理健康教育中，利用团体心理辅

导中的面谈技术、小组讨论技术、心理剧、价值澄清训练等心理辅导的方法来和学生交流，并将其运用于学生问题行为的干预当中，如可以将团体心理辅导的技术运用于对学习障碍的干预之中。

由广州市教育科学研究所戴育红主持，滨江西一小、南村路小学等单位合办的"跨越学习障碍工作坊"，成功地将团体心理辅导技术运用于对学习困难学生的辅导上。其做法是：将部分上课不认真、对学习缺乏兴趣、未能掌握正确学习方法、学习自信心不足、学习成绩差的学生集中起来，通过团体游戏、角色扮演、小组辅导等团体活动技术，培养他们的学习兴趣，使他们掌握学习方法，学习彼此接纳，合作解决学习上的困难，从而增强他们学习的自信心与成就感。把心理剧技术应用于心理健康教育也获得意想不到的效果。

三、团体心理辅导与心理健康教育活动课程的相同点

心理健康教育课程是教师根据学生身心发展的规律及其特点，运用有关的心理学、教育学原理，以班级为单位，有目的、有计划、有组织地通过以学生为主体的活动项目和活动方式，提高学生心理素质，增进学生心理健康，开发学生心理潜能，达到塑造和完善人格的一种课程形式。团体心理辅导与心理健康教育活动有着许多的相同点。

1. 应用的理论相同

无论是团体心理辅导还是心理健康教育活动课程都是应用团体心理辅导的理论，如都应用群体动力学理论、社会学习理论、人际交互作用分析理论、人际沟通理论、个人中心治疗理论等。

2. 活动形式和方法相同

如在不同的阶段可选择的活动形式有讨论、讲座、写体会、写日记、自由讨论、行为训练、心理剧表演、情境性活动等。

3. 切入点和目标相同

切入点都是学生当前的心理状态及其需要，两者的目的都是促进学生自我成长并最终学会自助。

四、团体心理辅导与心理健康教育活动课程的不同点

团体心理辅导与心理健康教育课程在理论基础、活动形式和方法、切入点和目标等方面存在相同之处，但它们之间仍存在很大的不同，表现在以下几个方面：

1. 对象来源不同

从形式上看，团体心理辅导依据辅导目的筛选参与学生，团体心理辅导的规模可以不确定，团体成员有相同的目标；而心理健康教育课程面向全体学生，是以班级为单位开展活动，成员规模比较大，也不可能是同质的，学生的类型比较复杂，教师必须由衷接纳每一位班级学生，倾听他的心声，引导学生自我体验、自我发展。

2. 辅导目标不同

从辅导目标上看，团体心理辅导的目标可以是发展性的，也可以是矫治性的；心理健康教育课程的目标主要是发展性的，以心理训练为主。

3. 对辅导者的要求不同

从辅导者看，团体心理辅导因为所需专业程度比较高，需要由经过专业训练的人员来承担；心理健康教育课程的教师所需专业程度相对比较低，可由受过一定培训的教师承担。

4. 评价方式不同

团体心理辅导的评价人员主要是辅导教师和学生，其效果以学生的心理状态来评价；心理健康教育课程则以"课"的形式开展，是学校课程体系的有机组成部分，有其内在的课堂评价方式，课程的评价者包括学校领导、教师、学生以及家长等人员，更注重学生学习的过程评价。

第七章　团体心理辅导课的操作要点

20 世纪 90 年代以来，随着团体心理辅导在中小学的开展，许多的一线辅导教师经过努力探索，结合中国学生的特点，总结出了许多操作层面的技术。包括团体心理辅导课的操作原则和技术、辅导氛围的创设等多个方面，都具有较强的适用性。本章就是择要对这些内容进行介绍，希望能对团体心理辅导教师有所帮助。

第一节 团体心理辅导课的操作原则

团体心理辅导应该是有其自身运作规律的。遵循这些规律，辅导现场就生机勃勃；违反这些规律，辅导现场就变得死气沉沉。这些成功的运作规律已经在心理辅导课的实践中被反复证明，我们可以据此总结出若干操作原则。这些原则主要是指：动感第一、情境体验、多元互动、现场生成、主体抉择，下面分别加以论述。

一、动感第一

团体心理辅导的"命根子"在于"动"。班级心理辅导要以学生的活动构成辅导过程的基本环节，精心设计好活动形式是辅导成功的关键。

1. 在活动中实现发展

为什么团体心理辅导一定要"动"起来？因为"活动"与"发展"是团体心理辅导的生命动力所在。学生的发展不是外力强加的，而是通过主体的活动主动实现的。活动是实现主体发展的必由之路，发展是主体参与活动的最终目的。只有活动才能有效地调动学生的主体参与性，改善他们的自我意识和情绪状态，使他们集中精力专注于辅导主题的展开，从而降低心理防御水平，以更好地敞开自我的内心世界。而且，也只有活动才能打破课堂环境中长期以来存在的"知识本位"、"教师中心"、"灌输为主"的旧有的教育模式，建立起民主、平等的师生关系，构建起以学生为中心、以学生自主活动为基础的辅导过程，并增强团体心理辅导的开放性与实践性。

2. 在操作上切忌以"讲"代"动"

从某种意义上说，开设一堂心理健康知识讲座比设计和组织一节团体心理辅导课要容易得多。特别是对兼职教师来说，在时间紧迫又缺少经验的情况下开设团体心理辅导课，很容易"误入歧途"，以"讲"代"动"，因为在他们看来这是最省事的"捷径"。无可否认，讲座是一种必要的心理健康教育形式，但讲座不是团体心理辅导，讲座的功能也不能代替团体心理辅导的功能。团体心理辅导课必须精心设计好每一个活动的基本板块，在辅导过程的每一个环节上真正让学生动起来。

二、情境体验

活动离不开具体情境的创设。学生团体心理辅导要从情境体验开始，引发学生的情感共鸣，活动设计要尽可能生动有趣，才能使学生喜闻乐见，专注投入。

1. 任何学习都从情境开始

按照皮亚杰的观点，任何学习都应该从情境开始。团体心理辅导课也是这样，活动为辅导的主题提供了模拟的生活场景，而提供动态的生活经验又是所有的团体心理辅导的基本原理。因为人的心理活动或心理问题都是在特定的社会环境中发生和发展的，所以，把来自社会环境、学校环境和家庭环境中的各种具体问题放置到类似的环境中去再认识，重新进行辨析和调整，将有助于学生澄清问题的实质，体谅当事人的情感，发现建设性的解决问题的办法，并可以使学生直观地筛选出令人满意的行为模仿标准。

2. 体现"情境性"要注意的问题

体现"情境性"在操作上要考虑以下几点：模拟的生活场景的设计要符合学生的年龄特点和生活实际，能引起学生的共鸣；要注意具体地而不是抽象地呈现问题；角色扮演或小品要有情节及适当的道具，尽可能使学生兴趣盎然。

三、多元互动

互动是团体的基本特征，互动又是团体达到目标的重要条件。任何一个团体都是建立于一种人际互动的行为世界之中的。人际互动的世界是一个由参与互动的双方或多方共同建构的世界，这个世界是在团体成员相互讨论与回应的行为中逐步形成的。

1. 团体互动促进个人成长

团体心理辅导是一种互动的"团体的过程"，这个过程会产生影响团体成员及整个团体的力量，此即所谓的"团体动力"。在这种团体的辅导过程中，每个成员认知的矫正或重建、情感的体验或迁移、行为方式的改变或强化，都依赖于成员间的交流和互动。而且，这种班级社会环境的互动强化作用往往比个别的辅导帮助更有成效。

大量的实践经验表明，当学生身处班级团体中接受心理辅导时，他们的情感体验和心灵上受到的震撼是在个别辅导、主题班会、课堂教学及心理健康理论讲座等场合下所无法比拟的。因此，参与团体互动的经验具有重大的意义。团体提供给学生一个现实社会的缩影，使他们能把在团体互动中所获得的感受同日常生活经验相联系，并在安全、信任的气氛中尝试着去学习或改变行为。

2. 互动的前提是参与

团体心理辅导必须促成一种气氛，让每一个学生都想说话，让每一个学生都有话说。要做到这一点，其基本方法是改变座位的排列组合，采用小组合作学习形式。座位一变，学生们四目相对，心灵的窗户就立即打开了。

小组互动合作的活动中，学生能倾听别人的意见，能对别人的意见作出评价，并能通过集思广益形成自己的观点，既不钻牛角尖，也不人云亦云。这样一种能与他人和团体合作共事的人格特质，就是在自由的、没有压力的小组讨论中逐渐形成的。

当然，这里有一个问题是要格外注意的，那就是讨论话题的设置必须是学生能力范围所及的，同时又是有一定复杂性和不确定性的，也就是说，应该有一定的思维力度。毫无争议性的问题不可能激发起互动的氛围。

4. 讨论是团体互动的主要形式

有的教师问："团体心理辅导课经常使用小组讨论的方式，是不是多了一点？"产生这种看法的原因主要有两个：其一，是不了解讨论是任何团体心理辅导的主要活动方式。不管在团体心理辅导中采用何种多姿多彩的活动形式，但只要进入到实质性阶段时，就必然会使用讨论的方式，否则便无法使成员之间充分沟通，并使他们达到统整合作。其二，恐怕还是受了传统教育观念的影响。许多教师习惯于自己的"一言堂"，从来不去质疑自己是否讲得太多了。即使偶尔组织小组讨论，也只是作为一种点缀和陪衬，所以一让学生讨论就觉得心里发虚、不舒服。

还有的教师会问："小组讨论在小学低年级能行得通吗？"这要看我们从哪个角度来作判断。如果用成人的标准去衡量，小学低年级的学生的确讲不出什么惊人的大道理；但若是深入到这些孩子的中间去观察，就不难发现在他们之间自有他们的认知标准和沟通方式，自有他们更容易接受的游戏规则和共同语言，在他们之间也有着与自己认知相称的讨论存在。

四、现场生成

如果一位辅导教师能够很好地理解和把握团体心理辅导课"主体性"的根本特征，那么学生内在的本原潜力就会被极大地激发出来，而辅导教师就会在整个辅导过程中享有源源不断、丰富而生动的辅导资源。

实践表明，在团体心理辅导课的过程中，真正能够震撼学生心灵、引导学生深入思考、激发学生强烈的情感体验、进一步开掘辅导主题内涵的辅导素材，往往不是教师事先预设的，而是在辅导活动的现场即时性地生成的。真正具有生命活力和生活气息的辅导资源，就存在于辅导现场和辅导过程之中。

但是，许多辅导教师往往缺少这样一种"现场生成"的辅导意识和准确捕捉辅导素材的能力。因此，有必要提醒教师做好以下两点：

1. 要全神贯注地倾听学生

倾听是辅导的基本技巧，在团体心理辅导课中也是这样。辅导教师要善于全身心地倾听学生的诉说，敏锐地觉察出学生发表意见时的"弦外之音"和"话中之话"，通过澄清、引导、重述、追问、具体化等辅导技术，循循善诱地发掘学生欲言又止的深层心理，及时捕捉学生闪光的思想和语言，将隐含在学生发言中有价值的事件、经历、体验、感悟、疑问挖掘出来，使之凸现和明朗化，以生成新的、活生生的问题情境，推动辅导过程向深层次发展。

2. 不要急于给出现成的结论

在辅导教师的思想中要强化"学生具有解决自身问题的潜能"这样一种人本主义的辅导理念。辅导教师不要总是习惯于以一个说教者的姿态出现在学生面前，不要急于给出现成的结论，而要尽可能地将解决问题的自主权交还给学生，由学生在团体的启发下自己探寻出适当的、可供选择的方案。若能如此，则学生思考的智慧和自助的能力将得到很好的发展。

五、主体抉择

谁是课堂上的"主体"、"中心"和"主角"，这是几百年来在学校里争论不休的老问题。尽管"辅导"不同于"教学"，"辅导"应该是一种平等的对话关系等理念也早已是辅导界的一种定论，但当"辅导"发生在"学校"（特别是在班级）和"团体"（特别是大团体）的具体环境中时，谁是整个辅导过程的"主体"、"中心"和"主角"就有可能变得扑朔迷离了。

到底谁是辅导的主体力量和中心人物？罗杰斯认为，每个人都有一种内在的需求和动机，用以促进自己的成长和提高；而且每个人都有一种解决自身问题的潜在能力，即使是心理适应不良的人也同样如此。所以，罗杰斯便主张在辅导中坚持"以当事人为中心"。

另一位著名的精神科医生、生死学大师伊丽莎白·库伯勒·罗斯也认为："每个人内在都有成为甘地或希特勒的潜能。前者是我们最美好、最具同情心的一面，后者是最负面、渺小、黑暗的一面。人生的课题就在提升渺小的我，去除负面的我，找到彼此最美好的部分。""每个人内心深处都知道自己将成为什么样的人，当你成为那个人时你会感觉得到。反之亦然。当什么地方出了差错，你无法成为那个人时你也会知道。"

所以，罗斯坚定地主张"我们来这世上都是要来学习生命的课题，但没有人能告诉你你的课题是什么，那要靠你自己去发掘。"这些观点给我们的启示是：辅导教师必须相信每一个学生可以"自己发现自己"，"自己救助自己"，必须让每个学生成为辅导活动全过程的"主体"和"主角"。

团体心理辅导课的目的不是为了告诉学生在成长的道路上要做些什么或怎样做，而是为了唤醒每个学生内在的成长需求，激发每个学生改变自我、努力向善的动机和潜能，以促进每个学生的自我发展，包括使每个学生进一步了解自我、寻找自信，建立协调的人际关系，增进对环境的适应，拓展人性中真善美的一面等。

根据团体心理辅导课强调"主体性"的特点，在操作过程中，辅导教师要注意以下几个方面的问题：

1. 要关注每一个学生

辅导教师在活动过程中必须面向每一个学生，关注每一个学生，特别是平时所谓的"后进学生"。要确保每个学生都被自己注意到了，并关心每一个学生说的话是否都被大家听清了。当辅导教师因种种原因未能听清时，有必要委婉地追问："你的意思是说……是吗？"以表示自己对该学生的充分关注。

同时，教师还要引导全体学生注意倾听每一位同学的发言，因为只有当每一个学生都感受到教师和团体对自己的关注与尊重时，他们的主体自信才会得到真正的张扬，他们的潜能才会如炽热的岩浆一样奔涌而出。

2. 教师自己不要讲得太多

辅导教师自己不要讲得太多，要时时牢记团体心理辅导课的"主人"是学生，不要"喧宾夺主"。但现在我们在团体心理辅导现场见到的情况往往是，教师动不动就要接学生的话茬，接过来后就滔滔不绝，一直说到学生两眼发直为止。

学生一开始还专注地听老师的"教诲"，但逐渐就出现注意力分散，再往后，便会有一些学生开始打哈欠了。这里面的缘由所在，就是教师没有注意自己角色的转换。所以，教师一定要改变"讲课"的老习惯，把注意力集中在引导学生与学生之间的相互沟通上。

3. 注意创设安全、民主的团体气氛

要把学生主动参与活动与讨论的积极性调动好。如果调动不好，没有氛围，学生沉闷不语，老师就只好点名叫学生回答问题，或者是由自己来

"自问自答"，填补空白，那还有什么主体性可言？而氛围的创设往往又和教师的精神状态是否振奋有直接的关系，如果教师心不在焉，或应付任务，或居高临下，那么学生就不可能出现主体参与的积极氛围。

4. 教师不要代替学生作出改变的决定

团体心理辅导课要引导学生自我改变认知模式和行为方式，但不要由教师代替学生作出改变的决定，因为我们助人的目的是为了让学生学会自助。

第二节　营造平衡和谐的辅导氛围

团体心理辅导课是师生真情的流露、心灵的交融，因此，教师要转换"教育者"的角色，努力营造一种平等、和谐的辅导氛围。

一、辅导教师要角色到位

团体心理辅导课要力求使学生尽量少受心理防御机制的阻碍，尽可能揭示自己最核心的情感，尽可能揭示一个真实的自我，以便使自己能被大家如实地看待和评价，并从他人那里得到肯定或否定的反馈。这样，学生才能更好地认识自我，改变自己的适应不良的行为方式，体会学习、生活的美好内涵。这一切，都有赖于一种彼此信任、和谐的气氛的形成，而其关键则是辅导教师的"辅导角色"是否能真正到位。

罗杰斯认为，辅导者对当事人无条件的积极关注、接纳、关怀、共情，以及当事人能够体会感受到辅导者对自己的这种尊重与共情，是所有心理辅导与心理治疗的必要条件和充分条件。这也就是香港心理辅导学家林孟平所说的，辅导是一种关系，是一种和谐的人际关系。这种关系能给被辅导者一种安全感，使其可以从容地开放自己。

构成这种和谐关系的核心是辅导教师的三种最重要的人格特质：真诚、关注、共情。

1. 真诚

真诚指辅导教师是一个真实的自我，没有虚假的外表，愿意和学生一起表达真实的情感和态度。而教师的这种真诚，也必定会使学生表现出一个真实的自我。

2. 关注

关注指无条件的、积极的关注与接纳，不对学生的思想、情感、行为的好坏强行做出评判，使学生得以自由地表达情感体验，而不必担心失去教师的信任和接纳。因为教师若是在表情言语的反应上略有好恶之感的流露，学生就会立即设置心理防卫，那么人格的改变也就不可能发生了。但这里要强调指出：所谓"无条件接纳"是指尊重学生抒发感情、发表观点的权利，而并非无条件地同意他所有的看法和行为。

3. 共情

共情指辅导教师设身处地地理解对方，能感受到学生的情感，包括感受到学生不明显、不清晰的情感，如同感受到自己的情感一样。但教师的共情不等于情感的迷失，也不等于和学生有同样强度的情感表达。

满足以上三个条件，和谐的辅导关系就出现了。不满足这三个条件，师生之间就有了心理距离，又称为师生"心理阻隔"。只要有"心理阻隔"存在，师生间的"空间阻隔"就破除不了。即使在形式上撤去讲台，让教师和学生坐在一起，师生之间仍有一种无形的排拒力和约束力，和谐的辅导氛围依然不能形成。所以，根本的问题在于转变教师的教育观念和提升教师的人格特质。

除此以外，教师还要特别注意自己的体态语言，因为口头语言是可以刻意修饰的，但体态语言却往往会使你不由自主地流露出潜意识中的情感倾向。有些优秀的教师在辅导课上，师生之间相处得那么自然亲切，给学生的感觉真是"如沐春风"一般，那既是教师平时的师德修养及育人风格的真实流露，同时也和教师的体态语言密切相关。这些教师的眼神、手势、身体倾斜的幅度、微微偏头的姿态等，处处透出一种发自内心的真诚与亲切，又略带一点点诙谐与夸张，这是教育与辅导的功夫，更是教师人格魅力的闪光。而有的教师尽管语气温和，但表情却刻板冷漠，亦即体态语言失当，那么辅导中的和谐氛围也就无法形成。

二、让学生在不受伤害的状态下成长

团体心理辅导课是每个学生自我探索、自我了解、自我更新的历程，它要在一种彼此尊重、接纳、信任的氛围中，放下个人的防卫意识，与其他成员进行探讨、分享，彼此给予回馈、鼓励和建议。因此，团体心理辅导课拒绝对学生作否定性的评价，这样才能使学生在不受到伤害的状态下学习与成长。

1. 教师始终要注意保持一种随和、宽容、接纳的态度，支持、鼓励学生在团体中自由发表意见，充分与同伴沟通。即使学生中出现了一些较为偏激或是明显错误的看法，教师也不要简单否定，而应采取温和的态度，把问题反馈给学生小组进行讨论，并让有错误观点的学生参与其中，教师也可以特地加入该组讨论，通过组内交流来澄清该学生的错误认知或态度，然后在团体中重提旧话，请这个学生自己再来谈谈新的认识。这样就避免了教师或同学对其直接的否定性评价。

2. 在团体情境中，如果出现评价不当或表述不准确的情况，就容易使个别学生受到伤害，这是任何团体心理辅导都难以绝对避免的局限性，因此要尽可能事先加以防范。教师要注意引导学生遵守团体活动规范和"游戏规则"，以防自己有意无意地伤害了他人。

3. 教师还要注意克服自己在平时的教育教学工作中习以为常的一些习惯性语言，力避使用一些刺激性的、带有负面色彩的词汇。所以从某种意义上说，团体心理辅导课也在促进教师自身的成长与发展，在启发自己反思和改变旧有的一些教育观念和教育方法。

三、"和谐"并非混沌无序

在团体心理辅导中会有令人愉快的体验，但有时也会获得不愉快的体验，活动的混乱无序、难以掌控现场就是其中之一。究其原因，是许多初涉团体心理辅导课的辅导教师片面地从形式上去理解辅导的含义，以为辅导就是要改变教师训导的面孔，就是要和学生平等相处，就是不要有教育者的架子，因此在课堂上努力扮出一副笑脸，尽量以温和的语气说话，然而却不知如何提升团体心理辅导课的内涵与价值，结果让学生看出老师内心的"底气不足"，课堂秩序一反常态，甚至陷于一片混乱。

而教师对学生在活动中出现的庸俗无聊的调侃、活动秩序失控等现象却一筹莫展、束手无策，想发火又怕有损辅导者的形象，于是只好放任不管。这是对辅导精神的严重误解，必须加以纠正。

1. 营造氛围，精心开场

万事开头难，团体心理辅导课如果从开场时起就处于一种躁动不安的状态，那么团体就无凝聚力可言。团体心理辅导课与小组团体心理辅导不同，小组团体心理辅导可以通过一个较长的过程，分阶段整合多种力量来逐渐凝聚人气；而团体心理辅导课因为受到课时的限制，必须从一开始就营造氛围，精心开场，这才有可能从起始环节就紧紧吸引住每一个团体成员，凝聚团体成员的向心力，催化团体内在气氛，使每个成员专注于本次团体活动的目标和方向。

营造氛围、精心开场的具体方式有游戏热身、音乐渲染、角色扮演、创设情境（以录像或小品等形式加以呈现）等。

2. 精心选题和设计活动

团体心理辅导课的现场氛围是否和谐，学生是否愿意积极投入所探讨的话题，与辅导教师选题是否切合学生的生活实际及发展需要，以及辅导教师对整个活动的设计是否周密、精心、有趣等有着直接的联系。

如果辅导教师事先没有明确的辅导动机，没有一种通过自己设计的辅导活动来解决班级多数成员在成长中遭遇的实际问题的强烈冲动，没有一种为某个活动环节的设计朝思暮想、茶饭不思、夜以继日、辗转反侧的"着迷"一般的深入探究，那么，在活动实施过程中出现磕磕绊绊、阻力重重、发展迟缓、气氛僵滞、彼此防范、关系疏离等不流畅的现象，就是毫不奇怪的了。

3. 教师要有良好的精神状态

在许多时候，团体心理辅导课的活动过程陷入僵局，难以推进，学生兴味索然，或者话题分散、嘈杂不堪，并非其他原因，恰恰是辅导教师抱着一种"为完成规定任务"而表面应付的态度，精神萎靡，消极被动，注意力涣散，顾左右而言他，并将此种不良情绪直接传递给了团体成员，因而使学生对辅导活动的目标和方向感到茫然，极大地挫伤了全体学生参与活动的热情。

也有的辅导教师对开设团体心理辅导课虽然较为重视，但是却缺乏足够的自信，在实施辅导的现场中少了一点灵气，少了一点振奋，少了一点激情，因而无法感染、打动、催化学生，和谐互动的人际关系也无法建立起来。可见，要充分展现出团体心理辅导课的和谐性，辅导教师必须进入一种良好的精神状态。

4. 建立团体规范，实施"社会控制"

"社会控制"是指团体成员获得团体顺从以使团体能有秩序运作的过程。一个团体没有得到成员相当程度的顺从，就会无法运作，互动会变得一团乱并且无法预测，而社会秩序与安定是形成与维持一个团体的必要条件。

规范是在团体里或者社会情境下，共同认为适当的期待、想法或行为。规范是行为的准则，由团体成员共同建立以维持行为的一致。如果每个成员都各自决定自己在团体互动中的行为方式，则没有人能够预测别人的行为或团体可能会发生什么事。

因此，规范提供了预测别人行为的基本资讯，并使个体能准备予以适当的反应，规范亦可以当作成员自己行为的导引，以降低个体行为的模糊度。规范指明了团体中"应该"做的和"不应该"做的，因此具有价值判断的意义。团体有了规范，辅导教师就可以降低其个人权力及控制的使用力度，而可以运用规范协助团体建立有效、适当的行为以达到团体的目标。

在实施"社会控制"的过程中要注意的问题是，团体心理辅导课的规范应该是动态的、发展的、因地制宜的，不是一成不变的；班级团体的社会控制不能过于严谨甚至太严厉，否则就会削弱团体的吸引力，并导致团体成员的不满与冲突。因此，还有必要在帮助学生建立班级辅导活动规范的同时，建立起辅导教师的操作规范。

第三节　团体心理辅导课的操作技术

在这一节里，我们来探讨六项在团体心理辅导课上经常会用到的初级的操作技术，它们是：倾听技术、引导技术、同感技术、支持技术、保护技术和自我开放技术。

一、倾听技术

"倾听"是辅导的基本，也是团体心理辅导课的基本；没有倾听就谈不上有效的辅导，包括有效的团体心理辅导。这里所说的"倾听"不是一般意义上的"听"，它不仅仅是接收到声音，而且要尽可能地了解其意义。一个"倾"字，包含着"专心"与"主动"的含义，它是一种心（神）、身、眼、耳的统整活动；另一个"听"字，则包含了敏锐地寻找声音中的隐含线索，观察发言学生肢体的动作与评估发言学生说话内容的前后关联性等心理过程。

倾听是团体心理辅导课历程中最基本的技术。在团体形成初期，辅导教师的倾听可以激励学生多说、多思考，引导学生积极地表达，而减少自己的发问和讲述，这样就能有利于团体和谐气氛的形成。在团体工作阶段，教师的倾听有助于学生主动思考多种解决问题的策略，如果此时教师自顾自发表解决问题的对策，学生就会疏于思索。在团体结束阶段，教师的倾听更可以用来了解学生对团体的感受，更深入地觉察学生的需求与努力意向，此时如果教师急于下结论，可能使学生的意见不能形成乃至于销声匿迹。

那么，辅导教师如何在团体心理辅导课上成为一个良好的倾听者呢？真正的倾听可分为两个层面：第一个层面是指辅导教师"行为上的倾听"，第二个层面是指辅导教师"心理上的倾听"。

1. 行为上的倾听

行为上的倾听是指辅导教师在与发言学生交流时，在行为上采取"积极参与"的姿态，从身体的姿势、表情的变化、语气语调的运用等方面传达出自己"正在专心倾听"的信息。具体说来，可从以下几方面加以努力：

（1）开放而又放松的身体姿势。开放而放松的姿势，代表无条件的包容与接纳，能使发言学生感到轻松与舒缓，因此是一种适合倾听并鼓励对方说话的姿势。如果辅导教师再注意将身体微微倾向发言学生，则更加可以传递出自己对发言者的关心，它表达的意思通常是"我对你和你说的话有兴趣"。这种表征投入的姿势很容易使发言者受到感动，并使之愿意开放自己、剖析内心。

（2）向发言者迈出一小步。当每一个发言者站起来时，辅导教师应注意很自然地将身体转向发言者方向，并轻松地向发言者迈出小小的一步，以传递自己对发言者关注与亲近的信息，然后再在倾听的过程中，自然而然地让自己退回到原来的位置上。

（3）蕴含温暖与支持的视线接触。使发言者在眼神的交会之中，感受到辅导教师蕴含的温暖与支持。但是保持适当的视线接触是一种技巧，教师要在目光的"集中"与"游移"之间把握平衡，"过"与"不及"都会造成负面的影响。

（4）轻松自然的脸部表情。一个友善、微笑而放松的表情，通常表示辅导教师的接纳及有兴趣倾听的意愿。但当讨论到学生中一些沉重的情绪话题时，辅导教师就应适当地调整面部表情以表达安抚或同情之意。

（5）表示鼓励与专注的点头动作。点头不一定是表示对发言者话语内容的同意，它可以表示"嗯，我听懂了"、"请再继续"等意思。点头实际上属于一种酬赏式的反应，它让发言者明了辅导教师的专注，并鼓励发言者继续说下去。

（6）适当回应与插话。除了利用肢体语言表达鼓励继续谈下去的意思之外，辅导教师亦可通过使用回应性的词"哦"、"唔"、"啊"以及一些较短的插话或提问来表达愿意倾听之意。

2. 心理上的倾听

心理上的倾听则是指辅导教师在主动倾听的同时，还要仔细观察学生非口语的表达，即不仅听清学生口语中说出来的意思，更要从他的行为、举止、表情中看出他话中所隐含的意义。

（1）在团体心理辅导课上，因为学生在班级团体中可能存在一些复杂的人际关系，所以在涉及某些话题时，很容易出现"话中有话"、"弦外有音"的情况，辅导教师在倾听过程中要注意关注发言学生的情绪、态度、语气及措辞用语，力求准确捕捉发言者的真实含义。

（2）对于班级中某些后进学生在心理辅导课上的发言，教师更要注意心理上的倾听。要给予这些学生格外的关注，要从内心深处真诚地接纳他们，对他们的发言不能有丝毫的轻视、不悦、厌烦甚至是反感的表现。教师的倾听态度越是真诚和专注，这些后进学生就越会减少抵触、挑衅、调侃等负面的言论。

除了教师自己注意运用倾听技术之外，辅导教师也要教导学生学会倾听，积极主动地倾听同学的语言、非语言信息，方能让团体互动更为多元、更为热烈、更为和谐。

二、引导技术

引导，是团体心理辅导课过程中的一项关键性技术，它是指辅导教师以鼓励和启示性的语句，引领班级团体成员理清思路、聚焦核心问题，或者改变发言学生的思考方式，对自我作出更为深入的了解和剖析。其目的是为了协助学生认清活动目标，进一步表达自己的困惑与问题；或者认识到自己的偏误之处，趋向问题解决的核心，以避免某些学生固守错误的观念；或防止整个团体互动时偏离主题，使活动变成漫无边际和缺乏实际意义的泛泛而谈。

团体心理辅导课上的引导一般是通过提问来实现的，但也可以通过教师的倾听、支持、微笑、点头、口头鼓励等其他方式来达到引导的目的。

1. 辅导教师的引导应坚持的原则

（1）辅导教师的引导重在协助而非替代，不必强制学生改变原有的负向认知，不必与学生发生争论或辩论，不必对学生进行训话，也不必要求学生服从教师的意见，而只需注意解决问题的方向，只需将问题抛向团体其他成员以激发不同思维，共同分析不同思维的利弊得失即可，它的目的只在于鼓励每个团体成员作进一步的自我探究。因此，要特别注意多使用接纳性的语言，即多用鼓励语句和启发式问题，避免使用批评或者责备的语句。

（2）多使用开放式的问句，少使用封闭式的问句。例如："大家认为他的观点对吗？"这一类问句只需全班学生回答"对"或"不对"，这是封闭式的问句；而"大家对他的这一观点有什么看法？不管是赞同的还是不赞同的。"这一类的问句就可以引导团体其他成员说出更多的发散性的观点。

（3）引导时教师所表露的语气必须是真诚和深切关注的，切忌刻板、冷漠、讽刺和程式化的口吻。例如："你这叫什么观点？""呵呵，你真是别出心裁呀！还有什么更高明的看法？"这一类口气就会使发言者察觉到辅导教师的拒绝、不耐烦和话里带刺的态度；而"你能不能换一个角度来思考一下？可以说给我听听吗？"这样的口吻则充满了对发言学生的一种真诚的关注。

（4）引导主要用于团体工作阶段中团体动力比较明显、学生中歧义或纷争比较多、讨论方向一时出现摇摆或模糊的时刻。在团体形成的初期应尽量少用，以免束缚学生的思维，妨碍团体动力的进一步催化。

2. 辅导教师发问的注意事项

辅导教师的引导离不开发问。在发问中所提出的问题应注意以下几个层面：

（1）发问的时间性。辅导教师要选择团体成员积极关注讨论主题、心理上已有适当准备的时刻，亦即到了"不愤不启、不悱不发"的关头发问，就比较能获得团体成员的积极反应。

（2）问题的针对性。辅导教师提出的问题必须有助于团体成员各方对存在分歧或认知模糊的观点作进一步探讨。因此，要尽可能提出带有一定挑战性的、能促使全班学生或发言者深入思考的问题。

（3）问题的节制性。辅导教师的引导性发问应有节制，问题不能太多、太碎，也不能漫无边际。如果辅导教师的发问太多，就会干扰团体成员对关键性问题的深入探究。

三、同感技术

"同感"、"通情"、"共情"、"同理心"等，意为在团体互动中，辅导教师能设身处地站在学生的角度考虑问题，敏锐、准确地领会和理解团体成员所表达的意思和内含的情感，再将这种领会和理解向对方传递的过程。同感技术又称"共鸣性了解"，即"人同此心，心同此理"。

同感技术包含"倾听"、"辨识"、"沟通"三个历程。"倾听"是指辅导教师专注于倾听学生的感觉、经验或行为，以进入学生的主观世界；"辨识"是指辅导教师设身处地地从学生的立场去体会其明白呈现、隐喻或未察觉的感觉、经验或行为；"沟通"是指辅导教师掌握"简述语意"的原则，适当把握与表达对学生的感觉、经验或行为的了解，运用自己的词汇和方式，让学生知道教师已经了解了自己的感觉、经验或行为，并引导学生更深入地自我探索。

辅导教师在心理辅导课上运用同感技术时要注意以下几个问题：

1. 保持专注与倾听

教师只有高度专注和认真倾听，方能了解学生的感觉、经验和行为方式，并将自己的理解准确地反馈给学生。

2. 注意语言信息和非语言信息的一致性

表达同感时，教师除了自己的反馈语言应该对学生有一个准确的理解和把握之外，还要注意自己的态度、姿势、表情必须力求与内容一致，如果"言不由衷"，学生就会心生反感。

3. 要熟练地运用表达同感的开头语

例如："你是不是觉得自己……""对你而言，好像有一种……""听你的意思，也许你认为……""哦，所以你才觉得……""我似乎已经感受到你的……""这件事情对你来说实在……"等等。

4. 同感的表达并非鹦鹉学舌

教师要善于用单字、单词、成语、经验性叙述、行为性叙述来表达自己的感觉与情感，措辞要符合学生的年龄特点和理解水平。例如：

（1）使用单字或单词：你觉得很"烦"，你觉得很"恼火"，你感到很"孤独"，等等。

（2）使用成语：你感到"不知所措"，你是否觉得"心急如焚"，你好像有些"心灰意冷"，你有一种"不堪重负"的感觉，等等。

（3）使用经验性描述："你的意思是说，现在感觉连作业都来不及做了，更谈不到如何主动去复习，是吧？""你觉得老师在处理这件事情上显得不太公平，是吗？"

（4）使用行为性描述："你眼睛里的泪花已经告诉了我一切"，"你兴奋得好几天都平静不下来，是吧？"

5. 教师的同感表达必须简洁、富有弹性

情感反应过多时，团体的注意焦点就会从学生偏移到教师身上去，教师决不应该"喧宾夺主"，应该把陈述的时间充分地留给发言学生；同时，教师的同感表达一定不能过于生硬、过于肯定，句式和语气都应富有试探性，以便让学生有修正、否定、解释、澄清或确认的机会。

四、支持技术

支持是指辅导教师在团体心理辅导课上给予学生充分的关怀、积极的鼓励和强化，使学生感受到教师对自己的尊重，从而更加乐于参与团体的活动，并在团体中更快地自我成长、自我超越。

每一个人在成长的过程中都会有参与某个团体的经验，也或多或少会有某种在团体中自认为不如他人甚至是自惭形秽的感受。同样地，在团体心理辅导课上，由于各种观点、主张的暴露和碰撞，很容易使一些学生怀疑自己提出的想法不够好，担心会遭到教师的批评和同学的嘲笑。此时，辅导教师若能运用支持技术，就可以使这部分学生打消疑虑，获得鼓励，强化自信与自尊。

辅导教师的支持技术可以分为两类："基本支持"与"高度支持"。"基本支持"是用倾听技术和点头、微笑、信任的眼神等肢体语言来传递关怀和接纳的信息，让学生更有信心表现自我、探索自我；"高度支持"是运用口头肯定、手势肯定、公开赞扬或者依据学生发言内容予以补充或重述等策略来传递高度的强化与协助的信息，从而使学生体会到一种自我价值感。

教师运用支持技术要注意以下几点：

1. 要善于察言观色

在团体运作过程中，教师要关注每个成员的具体表现，若发现学生在陈述意见时，存在声音过小、语调无力、底气不足、用词模糊、模棱两可等现象，则可判断对其应使用支持技术；若发现某个小组团体动力不足，对能否有效解决问题表现出某种疑惑时，则亦应适时运用支持技术。

2. 支持应基于事实

教师的支持不是讨好学生，因此必须立足于具体的事实和学生的表现。如果滥用支持技术，只会失去学生对教师判断能力的信任。

3. 把握支持的时机和强度

运用支持技术要讲究火候，适时的支持是有效的，滞后的支持则基本无效；运用支持技术又要讲究分寸，支持强度符合支持对象的特点和具体需要，对团体其他成员都是一种教育和感染，而支持力度的"过"与"不及"，都会令发言者本人和团体其他成员产生不悦。

五、保护技术

保护是指在团体心理辅导课上，教师应该十分重视让学生在团体中免受心理伤害，以促进学生的健康成长。如果一个班级原先就存在着负向的非正式群体（即所谓的"次团体"或"小团体"），学生之间未能形成相互尊重、相互倾听的风气，或者教师事先未能和学生共同制订团体规范，或者班级团体原有的主导性风气就是负面的，则学生在团体心理辅导课上受到心理伤害的几率将大为增加。

团体对于其成员而言，既对他们的自我成长有强大的催化作用，也会给他们带来一定的风险，这些风险包括：团体成员在日常生活的交往中业已形成的矛盾、分裂、敌视、对抗，会在团体的某种情境下被引发；个人的自尊在团体情境下会变得格外脆弱，极易受到伤害；某个成员偶尔会成为整个团体的替罪羊，其他成员可能会"欺负"这个人；团体中有时会助长专制的风气，等等。所以，如果辅导教师不格外小心的话，那么成员不仅无法从团体活动中受益，还可能使自己的心理受到伤害。

为保护学生在团体运作过程中不受意外事件的伤害，辅导教师应该努力做到：

1. 教师应将班级随机分成几个活动小组，尽量打散班级原有的次级团体。

2. 制定明确的团体活动规范，将"说好话、存好心、多尊重"作为其中必备的规则，引导学生相互倾听与彼此尊重。

3. 教师在小组讨论时应注意在各组之间巡回走动，不仅便于对讨论进行引导，而且可以及时制止伤害性的行为，例如对某个学生的集体羞辱，或者集中讨论某个学生的缺点，或者故意与某个学生唱反调等。

4. 当学生中出现违规行为时，教师不要大声斥责，而应采取引导方式，先"暂时中止"，待教师重申团体规则后，再将讨论主题引回到正确的轨道上。如果教师采取斥责的方法，就会使团体气氛趋于紧张，导致团体动力下降。

六、自我开放技术

自我开放，又叫做"自我暴露"、"自我揭示"等，指辅导教师在团体心理辅导课上，根据当时的具体事件或问题，公开地暴露自己的某些人生经历、经验或感受，包括自己曾经有过的负向体验或经历，来与班级团体成员分享。

优秀的辅导教师能通过"过去、现在、未来"的线索，真实而有限度地讲述自己的故事，使自己更具人性，因而使团体成员感受到辅导教师的亲切、真诚和坦率，增进学生对辅导教师的信任，促进团体更深层次地互动。

自我开放一般分为两个层次：较浅层次的是向全班学生表明自己对当时团体互动内容的现场感受，包括正向的和负向的；较深层次的是把自己过去的有关人生经历和情绪体验坦率地与全班学生分享，它有助于团体成员受到感染，促使他们思考更多的问题。

社会心理学的研究表明：当一个人向另一个人（或一群人）做出一定水平的自我开放之时，通常会引发另一个人（或一群人）做出相同水平的自我开放。随着这样一个过程的进行，双方的个人关系（或团体成员的互动关系）就会变得愈来愈密切，这一规律被称为自我开放的互报规则。掌握这一规律对于团体中辅导关系或团体氛围的推进是十分有益的。

辅导教师在使用自我开放技术时要注意的问题是：

1. 自我开放的时机不能过早

团体心理辅导课上的自我开放一般用在团体工作阶段或结束阶段，即有了一定的团体氛围、团体成员也有了一定的心理准备之时。否则，辅导教师的自我开放就显得做作和牵强。

许多教师易犯的毛病是在团体热身阶段或转换阶段，一看到互动的氛围不佳，心里就着急，于是就立即以自我开放来"带动"学生，结果就显得教师"满腔热情"，学生却"不温不火"甚至"冷眼旁观"；最后不仅不能达到启动团体动力的目的，而且会使教师陷入"不尴不尬"的被动局面。

2. 自我开放的内容不能过多

教师暴露的内容应紧贴团体讨论的主题，陈述尽量简明扼要，不能喧宾夺主，不能占用团体过多的时间。因为在辅导过程中，团体互动的中心和焦点只能是学生，这是一个不能动摇的原则。

3. 自我开放的程度不能太深

教师的深度自我开放容易引起学生的模仿，而一旦学生在团体中做出深度的自我开放，就可能涉及隐秘性问题，并对团体成员造成意想不到的心理伤害。

4. 自我开放必须发自教师的内心

教师的态度要真诚，表达要自然，语言不可流于教条化、术语化、套式化，以免使团体成员觉得是虚情假意。

5. 自我开放必须及时"刹车"并返回主题

自我开放是手段，不是目的。自我开放的时机、分寸都要视当时的团体氛围、团体进程、主题内涵及师生关系而定。如果学生对探讨的主题感到较为茫然、团体动力尚需进一步催化时，教师可做适度的自我开放以引导学生扩展思维向度；如果在教师做出自我开放之后，团体动力有所提升，则应立即把话题转回到团体讨论的主题上，并进一步提出相关的开放性问题，不可继续滞留在自我开放的情境体验之中。

第八章　中小学团体心理辅导的评估

　　随着团体心理辅导的推广和应用，对团体心理辅导评估的关注程度也大大提高，如何对中小学团体心理辅导进行有效的评价，已引起国内外学者和中小学一线教师的广泛重视和探讨。

第一节　团体心理辅导评估概述

评估也称评鉴、评量，是一种长期性、系统性、持续性的动态历程。通过评估这一科学的、系统的方法，运用各种资料与技术，对各种可行的途径、层面予以价值判断并了解其工作结果，发现问题所在，提供信息作为决策与改进的依据。评估重在解释、考核、检视，评估可以针对人的行为发展，也可以针对事件处理结果，或针对制度运作情形等。

所谓团体心理辅导评估，就是指通过不同的方法，收集有关团体目标达成的程度、成员在团体内的表现、团体特征、成员对团体活动的满意程度等资料，帮助团体领导者及团体成员了解团体心理辅导的成效。

一、评估的目的及作用

团体心理辅导的评估可以在团体进行前、过程中及结束后实施。团体进行前的评估注重团体目标、成员特性以及起点行为的评估。团体发展过程中的评估则注重领导者对团体动力的察觉、团体目标与进度的掌握、成员参与行为的分析，甚至包括特殊事件的处理效果、成员观察等。团体结束后的评估涉及团体成效的评估、领导效能的评估及成员行为发展变化的评估。

团体心理辅导评估的目的大致可以分为四个：一是通过评估有效监控辅导方案的执行状况，辨明问题并及时修正；二是通过评估检验辅导目标达成状况；三是通过评估改进今后同类辅导方案的设计、训练策略；四是通过评估协助团体领导者了解和改进领导技能，提升专业水平。

团体心理辅导前后的评估不仅必要而且重要。如果团体心理辅导缺乏评估，团体领导者就无法客观而公正地了解团体效能，也无法改进或提高自己的专业表现。

关于团体心理辅导评估的具体作用，托塞兰和里瓦斯曾指出有七个方面：

1. 评估可以满足领导者对介入团体工作效果的好奇与专业上的关心；

2. 通过评估获得的资料可以帮助领导者改善领导技巧；

3. 评估可以向机构、资助者或社会显示和证明团体工作的有效性；

4. 评估可以帮助领导者评价团体成员的进步状况，并从整体上了解是否达到团体预定的目标；

5. 评估允许团体成员及其有关人员自由地表达他们对团体的满意和不满意；

6. 评估可以协助领导者收集能与其他团体工作者一同分享的具有相似团体目标和特点的相关知识和信息；

7. 评估可以帮助团体领导者验证为团体所作的假设。

二、评估前必须考虑的问题

在进行团体评估之前，需要认真思考一些问题，以便为评估的实施打下基础。美国学者内沃建议进行评估之前先考虑好下列问题，才能设计出合适的评估计划。

1. 怎样界定这个评估？其特征何在？与研究或测量有何不同？是为决策者提供资讯还是用以了解被评估者的状况或其他用途？

2. 为什么评估？这个评估本身的目的何在？这个评估所提供的功能是什么？是用来作决策，用来作职责的验证，还是用以改变或改进方案，或其他原因需要作评估？

3. 评估的目标是什么？有什么应该或能够评估的？要评估学生、学校、机构本身或其他？

4. 一个目标的哪些方面是评估应该要调查的？哪些问题应要问到？应该收集哪类资料？目标的哪方面该被评估，是资源、结果的影响、过程或应用、工作人员、学生、目标、计划、利益、需求、机构及学校特征，还是其他事项？

5. 用什么标准来判断目标？你将如何解释发现？如何认定收集的资料的价值？你将如何决定目标是"好"或"坏"？应该使用的目标是方案目标，还是你所看到的需求或理想的目标、社会的期望？

6. 评估为谁而作？谁要听取评估？谁要评估收集到的资料？是学校咨询师为领导而作还是为学生、教师、方案工作人员、政府或其他人？

7. 用什么步骤和程序来进行评估？评估计划有哪些主要阶段？有无更好的程序来进行评估？

8. 应该用什么调查方法来进行评估？如何收集资料？什么样的调查设计该用于这项评估？最好的方法是用测验、问卷、专家座谈、实验设计、调查表、个案研究，还是其他方法？

9. 该由谁来作这项评估？评估者应该具备哪些评估技术？评估者具有什么权威和责任？该由外来人士还是自己人评估？

10. 用什么标准来判断这项评估？你知道好的评估有何特征吗？如何评估一项评估？评估是否实用、可信、可靠、合法、合伦理？

三、适用于团体的评估方法

好的评估方法应该是可以获得真正的团体方案实施结果资料的方法。因此，选择方法时必须考虑：（1）评估方法应适合团体方案目标；（2）方法是团体领导者所熟悉并掌握的方法；（3）方法适用于评估对象等条件；（4）所选方法简易、实用、客观。

团体评估的方法和工具有团体内观察、聚会后问卷、团体目标达成状况、评估量表、领导者评论表、观察员日志、录音录像等。

1. 行为量化法

行为量化法是要求团体成员自己观察某些行为出现的次数并作记录，或者请与成员有关的人（老师、家长、朋友等）观察并记录，以评估成员的行为是否有所改善。

行为量化法除了可以用来记录外显行为外，也可以记录成员的情绪和思维。记录方法可以用表格或图示。行为量化法的优势是具体、可操作，记录过程也是成员自我监督的过程，有助于行为改变；不足之处在于费时，准确度难以把握。

2. 标准化的心理测验

心理测验是一种对人的心理和行为进行标准化测定的技术。心理测验在因材施教、各类人才的培养与选拔、心理障碍和智力缺陷的客观诊断、心理疾病的早期发现、治疗效果的评定等方面都是一种有效的工具。心理测验的种类很多，通常分为智力测验、人格测验、能力测验、职业适应性测验、临床诊断测验等。在团体评估中，运用信度和效度较高的心理测试量表，可以反映团体成员行为、情绪的变化，以评估团体心理辅导的效果。

用心理测验来了解团体成员个人的变化，评估团体心理辅导的效果是常用的方法，但是要注意选用标准化的量表，还要考虑文化背景的因素。有些国外学者认为行为或人格特质在短时间内难以有大的改变，辅导前后测得的结果不会有显著性差异，难以令人满意。

3. 自编调查问卷

调查问卷是指由团体领导者设计一系列有针对性的问题，让团体成员填写，收集成员对团体心理辅导过程、内容、成员关系、团体气氛、团体目标的达成、领导者的态度及工作方式等方面的意见。问卷内的问题可以是开放式的，也可以是封闭式的。

自行设计的问卷虽然不一定科学化，但它的好处在于能让成员自由发表想法和感受，因此能收集到一些其他方法难以获得的、宝贵的第一手资料。尽管采用自编评估问卷有其方便的特点，评估结果有助于团体动力的检视、领导效能的反省与成员权益的保障，但能否真正起到客观评估的作用还取决于问卷的编制。

4. 主观报告法

除了上述三种主要方法外，还可以通过团体成员的日记、自我报告、领导者的工作日志、观察记录等方法来评估团体的发展和效果。主观报告法包括主观量表、开放式问卷、自我报告法和他人报告法。

在团体结束后针对团体或成员做反馈时，使用的测量工具多是开放式问卷。开放式问卷的优点是具有很高的弹性和自由空间，让成员表达出个人真正的想法，对问题能够有深入的了解，且真实性较高；缺点是资料的记录和数量化不容易。如果在问卷的编制上能有周详的考虑，根据问题性质给予等距量尺的量化，即可克服缺点。团体心理辅导结束后，使用开放式问卷作为评估工具，有时比标准化的测验工具更能获得团体辅导效果的相关资料。

第二节　评估的类型

团体心理辅导的评估类型可以根据不同的标准分类，根据评估的时间可以分为团体开始前、团体过程中、团体结束时、团体结束后追踪评估；根据评估的对象可以分为对团体领导者的评估和对团体成员的评估；根据评估的方法可以分为客观评估、主观评估；根据评估的工具可以分为影像评估、问卷评估和自我报告；根据评估的形式可以分为口头评估和书面评估；根据评估的侧重点可以分为过程评估和结果评估等。

无论采取何种评估方式，一个比较完整的团体评估至少应该包括对团体计划、团体过程、团体效果等方面的评估。

一、团体计划的评估

团体计划是团体心理辅导的总纲，计划是否翔实对团体的成败起到关键性的影响。团体计划的评估包括与计划相关资料获得的评估、需求的评估以及团体目标及成员目标评估等。

1. 与计划相关资料获得的评估

团体计划是否完善，可以先检查一下与计划相关的资料和信息来源。一般情况下，团体领导者应该在广泛收集各种资料后再拟订团体计划。

2. 需求的评估

检查团体计划是否完善的另一个方法是通过个别面谈、查访、信函等方式，事先征询团体预备成员的意见与看法，如他们参加团体的意愿、参与团体的动机以及他们帮助团体达到目标的能力，以便评估需求。

3. 团体目标的重要性

团体计划评估中最核心的问题是团体目标是否清晰，团体中个人目标是否明确。团体心理辅导是为了促进个人的发展，并协助个人面对并学习处理有关个人苦恼的问题，因此应给予团体成员机会以确定和澄清在团体范围内个人的独特目标。一旦个人的目标得到澄清和建立，行为契约就可以成为评估方法。

二、团体过程的评估

团体心理辅导进行过程中所作的评估称为过程性评估。一般人们常认为评估是对结果的检验，其实过程的评估同样重要。团体评估工作应该是在整个团体过程中不断进行的，绝不是团体结束时的特定任务。

团体进行过程中，通过观察、问卷等方式，了解成员在团体内的表现和团体特征，可以决定团体应该终结还是应该延续。团体过程的评估包括团体的关系、气氛、计划执行、团体事件处理、团体结束是否妥当等方面，根据评估情况，可以选择有效的方法，改善团体过程。

例如，团体参与程度是行为改变的重要条件。每一个团体领导者都希望团体成员全部投入团体过程，但是，有时一些团体成员会表现出对团体不投入，这时，团体领导者可以借助成员自我评估表，了解团体成员的反应，评价成员的行为，预测团体发展的趋势。

若要对进行过程中的成员行为进行评估，则可以从"互动分析"的角度出发，采用贝尔的交互作用分析表，或者用希尔所发展出来的十六个方向的互动矩阵分析表等，来协助了解成员与团体的交互作用，以促进交互作用的产生。同时，过程评估的重要内容之一——团体领导功能的评估，也将有助于领导者了解自己在团体过程中的领导类型、功能、角色，以便加以改善。

三、团体总结性评估

总结性评估是指在团体结束时所作的评估，这是团体心理辅导结束时一项必须做的工作。相对于过程评估，总结性评估一般比较正式且多半会与研究产生关系，重点在于验收成果（团体、领导者、成员），主体往往是成员，所以成员的改变或新行为获得与否，常是总结性评估的焦点。

总结性评估多半以文字的形式出现，如团体领导者事先设计好的评估表，或事先选定的测验等，常在团体的最后一次活动中让团体成员填写，然后进行分析，以了解团体成员对团体的满意程度、对团体活动的看法、团体感受及行为变化状况，以便领导者客观评定团体心理辅导的成果，改进今后的工作。

如果是研究的情况，则往往还要加上追踪评估的设计。总之，为顺利完成总结性评估，领导者必须事先设定团体工作的具体目标，选择恰当的评估工具，注意评估所遵循的内外在效度等。

四、团体效果评估的不同层面

团体效果的评估主要包括反应层面、学习层面、行为层面和结果层面四个层面。

1. 反应层面

反应层面需要评估内容、领导者、方法、材料、设施、场地、招募的程序等几个方面。这个层面的评估易于进行，是最基本、最普遍的评估方式。但它的缺点也显而易见，比如成员容易因为对领导者有好感而给高分，或者因为对某个因素不满而全盘否定。

为解决上述弊端，尽量使评估公正客观，可以通过以下的方法：强调评价的目的，请求成员配合；鼓励成员写意见、建议；结合使用问卷、面谈、座谈等方式及时收集各种反馈信息。

2. 学习层面

学习层面的评估方法多种多样。比如对旨在技能提升的训练团体，采用考核的方式，或直接观察、评估成员的行为改变；又如在团体内展开讨论，或采用讲演、分享、角色扮演等方式，观察和评估团体成员通过团体学习而产生的改变。

这一层面的评估，其优点在于对领导者和成员均有促进作用。成员会因感受到压力，而更认真地投入团体学习，领导者也会因压力，而更负责、更精心地准备每一次聚会。

3. 行为层面

行为层面的评估主要是观察团体成员的行为表现，这种评价可以来自领导者、督导，也可以来自成员之间以及成员的自我评价等。这个层面评估的好处是可以通过成员的行为直观地反映辅导的效果，也可以使机构、资助者直接看到辅导的效果，从而使他们更加支持团体工作。

但是，由于行为的改变和表现是多因多果的，所以这个层面的评估要花很多时间、精力，对问卷的设计要求较高，必须尽可能地剔除其他非团体因素的影响。一般解决的方法有：注意选择合适的评估时间，即在团体结束多久后再来评估；要选择适当的评估量表或方法。

4. 结果层面

结果层面的评估是用一些可测量的指标，如自信心、学习态度、学习成绩、工作业绩、家庭关系等，将成员在团体结束后与参加团体前进行对照比较，以反映团体心理辅导的效果。这种评估方式的优点是客观实证性相对较好，可以拿出翔实的、令人信服的调查数据，证明团体的成效。

但是，该层面的评估也存在若干问题：首先，评估所需时间长，短期内是很难有结果的；其次，对结果层面的评估还缺乏必要的技术、手段和经验；第三，为了得到相关的数据，领导者和研究小组必须取得相关人员和部门的合作；最后，由于成员离开团体后的实际生活空间各异，对于他们的变化，我们必须分辨出哪些"果"与团体工作相关，在多大程度上相关。

第三节　评估的执行者

团体心理辅导过程和效果可以由五种人来从不同角度评估，即团体督导评估、领导者自评、观察员评估、团体成员自评以及与成员相关的重要他人（如教师、家长等）的评估。

一、团体督导者

心理辅导督导是指专业工作者对资浅工作者所提供的一种介入，此种介入关系的性质是评估的、持续一段时间的，并具有提高受督导者专业水平的功能。团体督导者是团体领导者的老师，承担着观察、分析和帮助团体领导者提高专业水平并对团体成员负责的责任。团体督导者可以通过现场过程、事后观看录像带、阅读团体领导者的团体单元记录表等方法，找出需要进一步讨论的内容和议题，与领导者进行讨论。

二、团体领导者

团体领导者的评估可以分为对自我的评估与对团体的评估两类。

1. 领导者自评

指领导者对自己的工作状况所进行的评估，自我评估可以在每次团体活动结束时进行，也可以在整个团体心理辅导结束时进行。具体包括以下几个方面：

（1）了解自己的特质、能力、经验、偏好及领导风格。每个领导者都有自己独特的特质，有的较活泼、有的较内敛，有的理性、有的感性，有的急躁、有的耐心，每个领导者的专业能力、经验风格也不相同。因此，领导者对自我要有相当的了解，才能选择适合自己的团体。

（2）了解所要带领团体的目标及对象的特质。领导者对所要带领的团体的性质、内容及目标要清楚，还有参加团体的成员是一群怎样的人，对他们的年龄、教育背景、有何特殊心理或行为特征，或有何特别的需求等事先要尽量了解。

（3）评估自己与所要带领的团体的适配性。并非所有的团体领导者都适合各类型各性质的团体，有人比较适合工作取向的团体，有人适合较为人际取向的团体，有人喜欢结构性的团体，有人偏爱非结构性的团体。

2. 对团体与团体成员的评估

领导者对团体的评估主要包括团体目标是否达成，团体氛围是否融洽等；对团体成员的评估则以团体成员之间的关系如何，是否有效地协助成员改变等为重。在实际操作中，因团体性质不同，评估的重点也有一定区别。例如，在治疗性团体评估中，团体领导者更关注成员思维和行为的改变；在互助和成长性团体评估中，团体领导者会更关心成员间的沟通状况、人际关系和相互支持网络的建立。因此，团体领导者进行团体评估时必须制订一套适合的评估步骤与方法，做到有的放矢。

三、团体观察员

团体观察员的角色可以更加客观地反映团体的状况，主要是通过现场过程观察记录，对团体成员、团体领导者以及团体效能三个方面进行评估。

1. 针对团体成员行为表现的评估。主要是通过观察、记录，分析团体成员的协助行为（倾听、同理心、尊重、自我表露等）以及阻碍性行为（防卫、阻断、破坏等）的具体表现。

2. 针对领导者的领导技巧与过程的评估。主要是通过观察，记录、分析团体领导者的行为是否有效，如同理的反应、引导技巧、适时介入、无条件积极关注、尊重和接纳、自我表露等。

3. 针对团体效能的观察评估。主要以团体计划的可行性和有效性，以及团体的结果等方面为观察评估内容。

四、团体成员

若由团体成员来评估，也包括自评及评鉴团体效能两方面。成员自评方面包括了两个层面：一是参加团体的目标、期望是否达成，即收获、学得或改善了什么；二是参加的过程如何，如自己的参与程度如何，探索程度如何，挣扎、防卫如何，定位状况如何，努力程度如何。

另一方面是对团体效能的评估，这也包括两个层面：一是团体是否协助自己达到目标，它的内容是否有效、恰当；领导者的引领、介入如何协助自己实现期望；二是团体过程是否有意义、有价值，如团体中发生了哪些重要的或印象深刻的事，团体气氛如何，团体如何发展等。

五、与团体成员相关的重要他人

团体成员参加团体心理辅导后，行为表现是否有改善，还可以通过与其相关的重要他人，如家长、家属、老师、朋友、同学等的反映或报告来评估。评估方法可以是正式的，也可以是非正式的。

正式的方法包括设计一个简短的评估表，重点放在成员的特殊问题上，定期请与团体成员关系密切的人填写，不仅可以获得成员在现实生活中的第一手资料，也可以使相关人员看到成员的努力与进步，并给予积极的反馈和建设性的期望。非正式的方法有面谈、电话、访问等，以了解成员的行为与表现。

第四节　评估的主要模型

对团体领导者而言，为有效探讨团体发展的过程，清楚地了解团体心理辅导的效果，不断提升自身的领导能力，还应该全面地学习各种有效的评估模式与理论，为今后能娴熟地进行灵活应用打下基础。

一、团体心理辅导评估的类型及具体内容

团体心理辅导评估的类型主要有团体过程的评估与团体结果的评估，既可依评估的层次区分为团体层次与成员个别层次两种，也可依评估的方式分为对团体过程与结果客观的评定及主观自陈两种。

1. 对团体整体过程的客观评定。是指对团体整体互动过程依其行为表现进行观察分析的评估方式。例如将团体过程全程录像、录音，然后对于成员彼此的互动形态，如沟通的次数、团体沟通的形式等进行归类、计数和类型分析，或对领导者的领导行为进行编码分析，以了解成员互动及领导者的领导风格是否影响了团体的成效。

2. 对团体整体过程的主观自陈评估。是指针对团体成员对团体过程的主观感受加以评估。例如在团体进行中让成员表达他对团体的信赖度，用十点量表评定团体的凝聚程度，或在每次团体活动结束前进行满意度的测量，或对团体观感的分享反馈等。

3. 对个别成员在团体过程中的行为表现进行评定。例如分析个别成员在团体中的发言次数、发言内容、扮演的角色类型，并累计各次聚会个别成员的行为表现变化。

4. 对个别成员在团体过程中的行为表现进行主观自陈评估。收集成员

参与团体聚会的心得、日志加以分析，或每次团体聚会中要求成员对自己的参与程度进行评定等。

5. 对团体心理辅导的整体成效进行客观评定。包括针对成员的困扰特质改善的程度进行客观的评估，以及对团体领导者的领导行为满意程度进行评估。

6. 对团体心理辅导的整体成效进行主观自陈评估。如对成员参加团体满意度的测量及参与团体的整体心得、观感加以分析。

7. 对个别成员参加团体后的改变进行客观的评估。包括个别成员实际困扰行为出现频率与程度是否减小，重要他人的观察评定结果等。

8. 对个别成员参加团体后的成效进行主观自陈评估。如成员参加团体后其个人心得感想的陈述及对个人在团体中的表现的评估等。

二、主要的评估理论模型

团体过程的评估注重成员互动状态的考察和评估，团体结果的评估注重以多元化的方式、角度来评估团体效果。

1. 勒夫特的评估模式

美国社会心理学家勒夫特认为，观察团体互动过程中成员的沟通形态，有助于评估团体的发展结果与成效。一般而言，有效团体的成员应能增进对自己与其他成员的了解，愿意开放自我，表达正向与负向的各种感觉，提高个人的心理健康水平及改善人际关系。

如果团体互动过程中，成员只是有选择性地分享个人感受与经验，或只做表层次分享，缺乏中、深层次的自我表露，或被动、拒绝给予其他成员反馈，自我防卫心重，则反映团体动力缺乏，团体凝聚力不强，团体信任感不足，团体的效果就极其有限。

为了促进团体的运作及领导效能的发挥，使成员产生导向性的改变，并达成团体的目标与功能，勒夫特研究并提出了乔韩窗口察觉模式。乔韩窗口以"自我察觉程度"与"他人了解程度"两个维度来说明团体成员察觉自我行为与感觉的程度，探讨其他成员对自己行为与感觉的了解程度。针对"个人是否觉察"与"他人是否觉察"两个方向，交互作用产生如下表所示的四种团体内人际互动的状况。

（1）公开区：当事人了解自我并开放自我，使团体其他成员也能了解当事人的想法、感觉和行为。

（2）盲目区：当事人对自我缺乏了解，由其他成员把对其进行观察的想法、感觉和行为反馈给当事人，促发当事人的自我探索。

（3）隐秘区：当事人有意识地隐藏自己内在真实的想法、感觉和行为，其他成员无法了解当事人，呈现表层次的人际互动。

（4）未知区：当事人无法了解自己的想法、感觉和行为，其他成员对当事人也不了解。

团体内所有成员的人际沟通与互动关系可能出现在任何一区，团体动力与团体成效也可经由大多数成员沟通互动的属区所在来加以评估。有效的团体，其领导者与成员互动的属区较多呈现在公开区。或者是团体形成前，成员的开放度与互动性在未知区较多，经过团体运作后成员的状态发展至开放区。由此显示，团体动力发展与团体运作的结果，有助于成员的自我了解与人际互动，促进成员建设性、开放性的身心发展与行为反应。

勒夫特模式用简洁的四个区域统揽了团体心理辅导的过程，易于理解和操作。但由于影响团体发展的因素相当复杂，只以过程及成员互动观察作为团体评估的方法，将影响团体评估的完整性。

2. 戴伊的评估模式

美国学者戴伊认为要评估团体效果或成员的个人成长，可采取多元化的方式，从人员、方向两个方面、四个部分来进行评估。

（1）**团体内自我报告**：由团体成员通过各项书面检核资料及口头报告来作个人评估或团体评估。

（2）**团体内他人反馈**：由参加团体的领导者、观察员、督导者及其他成员通过书面检核资料及口头报告来作个人评估或团体评估。

（3）**团体外自我报告**：成员在参加团体之前或之后，通过书面检核资料及口头报告来作个人评估或团体评估。

（4）**团体外他人反馈**：成员在参加团体之前或之后，由成员的关系人（教师、父母、朋友等）通过书面检核材料及口头报告来作个人评估与团体评估。

这四种评估各有特色、方法及优缺点，经常用作评估团体的辅助方式，但前提是必须确认成员行为与团体目标有直接相关。

戴伊评估模式或勒夫特评估模式中的各种方法可以合并使用，也可独立使用，重点在于团体领导者或咨询研究者应将评估一项事先列入团体方案、团体计划书内，妥善规划且充分掌握团体目标与评估项目。

3. 综合评估设计模式

团体心理辅导涉及的因素较个别心理辅导更多，开展的环境较一般的心理健康教育课更灵活多变，为了更全面地把握方向，我们一般将过程评估和总结性评估综合应用。美国学者布林克霍夫等人建议有六种评估设计：

（1）固定式评估设计与涌现式评估设计。固定式评估设计是根据方案的目标产生具体的评估问题，将资料收集、资料来源、分析、统计均事先有系统地规划好。由于属于正式的评估，因此采用测验、问卷、评估表、调查表等工具，并在研究方法、资料收集和结果呈现上均采用量化研究方式。

涌现式评估设计不采取事先固定规划的评估方式，而是去与评估对象沟通，重点放在观察方案与对未来的探询上，根据评估对象的反应决定重要课题和设计。因此，评估者通常使用个案研究法、观察法，或观察团的报告等较欠缺客观而严谨的资料收集方式，资料收集结果通常采用质化研究方式。

（2）形成性评估与总结性评估。形成性评估主要用于收集效益和改进方案，评估者通常为方案工作人员之一，以便密切与方案实施人员的合作。评估资料主要来自方案工作人员所辨识出来的需求和问题。任何资料收集方法都可以采用，重点在于将收集到的有效资料用于方案的改进。形成性的评估在设计方面，可以采用固定式设计或涌现式设计，最好与方案工作人员共同讨论后修改，以配合工作人员的需求。因此，评估者一定要与设计咨询师或设计小组以及实施该方案的团体领导者密切合作，才能进行评估。

总结性评估，用于评估方案的成果，重点评估方案或决策者所重视的所谓"成功"的变量，作为认定该方案是否有价值的依据。所以，一个方案通常是既进行形成性评估又进行总结性评估。前者在于改进方案，以便方案得以继续实施，后者主要用于决定一项方案是否值得继续实施，两者目标不同。

（3）实验设计、准实验设计以及严谨的询问法。实验设计和准实验设计都是很典型的研究方法，被试必须经过随机抽样选取，然后施以方案训练，并评估方案对其影响。所以，采用这类研究方法作为方案评估，其目的在于判断方案的价值，看它是否有推广的意义。

严谨的询问法可使用于不能够加以实验的情境。当方案已实施，然而却必须加以评估以便改进方案时，可采用严谨的询问法去观察并与和方案有关人员交谈，以便收集评估资料。采取这种方法，评估者必须先阅读文献，分析已有的研究，以便知道如何去观察。最好采取多重评估策略和多种资料收集来源，以增加资料的可靠性。

实验法和准实验法主要采取标准评估工具，所以为量化研究。而严谨的询问法则采取观察、个案研究、观察团报告等策略，所以常为质化研究。由于质化研究常常被支持量化的研究者质疑其客观性和可靠性，过去心理咨询与辅导的评估很少使用质化研究。近年来，因其可以对所研究的现象提供描述，提高资料的深度性、丰富性和精致性，作为形成观念、发展假设和产生反应的参考，咨询与辅导方面有增加使用质化研究的趋势。

第五节　评估的操作实务

中小学团体心理辅导具有"创设环境、互动互助、助人自助、助人自悟"等特点，在学校教育的具体环境中，团体心理辅导一般以班级为单位，组成异质性团体，就学生成长过程中的共同问题展开辅导活动。

对每一次团体心理辅导的效能进行评估和总结，可以帮助辅导教师了解学生团体成员心理和行为的发展变化情况以及未能解决的问题，使下一次辅导设计更具针对性和实效性。因此，从实际需要出发，应采用简洁明了、重点突出、操作简便的形成性评价工具，对中小学团体心理辅导进行多角度、多层次的评估。下面将介绍几种较常用且实用的团体心理辅导的评估方式。

一、以学生是否完成心理成长来评估

中小学团体心理辅导的对象是处于身心发展第二高峰期的青少年，通过团体心理辅导，应有助于学生更好地完成这个发展过程，实现心理成长的主要任务。我们可以对团体心理辅导前后学生在主要心理成长任务——敬业、乐群、自我完善上是否有所改善进行涌现式的评估。具体评估标准如下：

1. 敬业

学习是学生的主要活动。通过团体心理辅导，学生应能够在学习上敬业，成为学习的主体，能从学习中获得满足感，并将学得的智力与能力用于进一步的学习中，形成学习的良性循环。

2. 乐群

学生的人际关系主要涉及亲子关系、师生关系和同伴关系等，学生处理这些人际关系的能力直接体现了其心理健康水平。有成效的团体心理辅导可帮助学生客观地了解他人，关心他人的需要，积极地沟通并保持自身人格的完整性。

3. 自我完善

团体方式的辅导和活动，不但可以供给成员必要的资料，改进其不成熟的偏差态度与行为，而且能够促进其良好的发展与心理成熟，使个体能更好地了解并悦纳自己，培养健全的人格。因此，从团体心理辅导中获益的学生将更加善于正确地评价自我，能及时而正确地归因，能积极主动地扩展自己的生活经验，能根据自身实际情况确立抱负水平且具有自制力。

二、按照辅导过程来评估

1. 课前知其所需，制订活动方案

明确的团体心理辅导目标有助于明晰团体成员的权利与职责，有利于各个阶段的反馈与评估，方便最终的目标评定，因此每一次团体心理辅导都应设置一定的主题并明确目的。例如：活动是为了培养某种心理品质，还是探讨某些学习方法；是为了培训某一实践能力，还是明确某些人生意义；是为了解决某种心理困惑，还是为了矫正某种不良行为等。

同时，针对青少年学生求知欲强、善于思考的特点，应注意将目标设计成一个个具有挑战性和开放性的主题，以激活学生的思维，引发思考。因此，在每次活动开始时，要先阐明此次团体心理辅导的意义和要求，让学生明白为什么要这样，并通过引导使他们的实践行为具有方向性、自觉性、主动性，提高其实践的参与性。

团体心理辅导实施者还应牢记，任何辅导主题其实都是一种讲究"度"的价值导向，切忌将一种本来是合理的主张推向极端化。比如，在初中的团体心理辅导"学会说'不'"，在评价时教师需要反思和探讨的一个问题就是：学会拒绝的目的不是要把学生变成冷漠无情、自私自利的人。要注意导向，防止使处于思考问题易偏激绝对阶段的学生产生错觉，认为学会拒绝就是要学会用各种巧妙的方法去拒绝别人的各种要求，甚至从自我利益出发而学会说谎。因此在"学会说'不'"这一团体心理辅导

课的目标设定上，应防止将学会拒绝导向绝对化。

2. 课中围绕主题，组织活动

明确的主题和目标只是一次成功的团体心理辅导的必要条件之一，如何根据主题组织、开展合适的活动，对最终实现辅导目标，乃至深化辅导主题，巩固辅导成效，有着重大的价值。

例如，在对新生进行的系列团体心理辅导中，团体心理辅导员还应根据各个具体辅导小专题来组织、展开活动。在小专题"走近你、我、他"中，针对帮助新生或某新组团队成员相识、相知，建立友情和协作理念，提高自制力和自主性，尽早适应新的环境，投入新的学习、生活和工作的主题，可采取8～10人的小组活动，如"相互握手问候"、"连环自我介绍"、"找同伴"、"特质挖、挖、哇"等，使学生在一个新环境中学会彼此欣赏、接纳，感受集体的温暖和同学间的友善。

又如，"学会学习"的辅导目标是以帮助学生找到适合自己的学习方法，增强抗压能力，以自信积极的心态面对各种学习问题，可采取小组交流讨论的方式探讨"记忆关键字"，运用"头脑风暴法"收集学生就如何提高学习效率、增强自信问题的建议、经验，通过集思广益，鼓励每一位学生努力提出解决问题的各种方法，达到取人之长、补己之短的效果。

再如，"重塑人际之网"的目标是通过帮助新生掌握人际交往的技巧，在新的环境中较快地建立良好的人际关系，使自己在和谐的环境中健康成长。针对这一主题，可设计实施人际关系团体训练活动。如"瞎子摸号"：让学生体会沟通的方法有很多，当环境及条件受到限制时，该怎样去改变自己，该用什么方法来解决问题；"心有千千结"：体验通过团体协作打开"死结"后的舒心畅意；"蒙眼作画"：帮助学生体会单向交流与双向交流会取得不同效果；"同舟共济"：感悟团队的凝聚力，明白团结互助是战胜一切困难的精神支柱。通过这些人际关系互动活动，使学生感受到人际关系对个人成长的重要性。

还有，对"认识自我"的主题是帮助学生对自己形成正确的评价，可采取小组活动，通过笔纸练习，如"自我画像"、"我是谁"、"生命线"等的交流和沟通，让学生反思自己的过去，正视自己的现实，展望自己的未来，学会合理认知、自我悦纳。当然，就不同的主题内容，还可举办心理拓展训练和心理游戏等活动，丰富学生的实践活动内容。

3. 注重课后反馈，不断总结经验

开展团体心理辅导的目标，就是要促进学生个人的成长和身心健康水平以及各种素质的提高，因此，评估的重点应落在学生自身经验的变化上，包括认知、情感、意志和行为。每一次团体心理辅导完成之后，要及时让学生谈感受及体验，写心得，了解他们对实践活动的看法，或通过问卷调查、测试、观察等方式对活动效果加以评估。

三、对辅导教师、学生、辅导过程的全方面评估

1. 立足于辅导者角度的评价

在团体心理辅导中，辅导者应是怎样的一种角色呢？有人认为辅导者是导游，在不同景点使大家获得不同感受；有人说辅导者是厨师，让每个人品味并各自汲取营养；有人将辅导者和团体过程类比为导航系统和飞行过程或音乐指挥和音乐会。无论怎样，团体心理辅导者对于团体发展具有重要意义。丹麦心理学家艾鲍说，在辅导过程中，辅导者能带进辅导关系中最有意义的资源，就是他自己。足见团体心理辅导中辅导者的重要性。

中小学团体心理辅导中教师的角色不仅仅是教学主题的设计者，更主要是活动程序，活动情境的设计者或创造者。可以根据教师是否较好地执行了以下几个方面的主要具体任务来加以评估。

（1）场面构成。应当从环境布置、时间安排到开场白、游戏的示范等来构成团体活动的气氛。

（2）主题和时间的控制。当学生活动与主题有偏差时，能引导回来。还要把时间控制好，在预定的时间内完成活动任务。

（3）观察。教师在活动中应注意观察每个学生的表现，尤其是明显的异常表现，要做适当处理并做课后个别辅导。

（4）鼓励。要及时鼓励学生的参与和正向的表现，尤其对于那些比较内向的学生。

（5）反馈与连接。对学生的语言和非语言行为，要及时通过插入技术

反馈给学生，如同照镜子，帮助学生了解自己或凭借别人的语句看到自己的形象。对活动中出现的零碎资料，也要经过摘要、总结等技术连接起来，使学生获得完整与系统的经验和反馈。

（6）参与。教师要和学生一起活动，在参与中观察，不以局外人自居。

（7）对突发事件的处理。当团体心理辅导引起成员间情感互动，特别是产生冲突或者引起一些人回忆童年经历中不愉快的感受甚至触发其创伤经历时，团体心理辅导的教师要知道如何应对，及时处理消极情绪，带动和培养积极的情绪情感，避免由于活动的引发和成员的互动带给成员心理创伤，或在引发了成员记忆中的消极体验后没有适当地保护和处理而造成成员的二度创伤。

（8）结束。活动结束，应做好活动总结，提升学生的认识。

总之，团体心理辅导教师不但要熟练掌握各种活动方法的设计，还要熟悉心理辅导技术并能灵活运用，需要扮演好领导者、教育者、朋友、咨询师等多种角色。教师可以经常自己设计若干评估量表进行自评，以促进反思并提高。

2. 立足于学生角度的评价

着眼于学生的评价包括：

（1）学生在团体心理辅导中是否获得了情感上的支持，如是否被团体所接纳，情绪是否得到宣泄，是否感到被尊重；

（2）学生在团体心理辅导中是否获得了积极的体验，包括享受到亲密感，增强了归属感和认同感，体验到了互助合作，获得了自信心等；

（3）学生在团体心理辅导中是否增长了见识，包括了解了有关心理健康的知识，认识到了某些不良行为的危害等；

（4）学生在团体心理辅导中是否发展了适应性行为，包括学习社会交往技巧，互相学习交流经验，尝试模仿适应行为等；

（5）学生在团体心理辅导中是否重建了理性的认识，包括改变了过去不合理的认知，重新建立了合乎理性的认知。

3. 立足于辅导全程氛围的评价

着眼于活动的评价包括：活动是否有民主、温暖的气氛；沟通表达是否真诚开放；活动的目标导向是否明确；活动的开始是否有"暖身活动"，形式是否多样。评估团体心理辅导中是否促成了互动还有一个操作点，就是讨论话题是否该团体成员能力范围所能及的，同时又是否有一定复杂性和不确定性的，也就是说，应该有一定的思维力度。

团体心理辅导效能的评估方法和形式多种多样，可以从以下几个方面考虑：团体目标达到的情况；团体是否具有较高的凝聚力和宽松和谐的气氛；每个成员对团体的满意度如何；成员的行为、态度或观念的改善程度。评估的方法可以由学生团体成员自评，也可以请辅导对象的老师和同学来评价，或是由辅导者进行评估分析。但无论采取何种具体层面的评估，领导者都应该尽量做好每次团体心理辅导的记录表的记录。

根据我国中小学的实际情况，对团体心理辅导效果的评估应注重过程性和全面性，可自行设计科学的形成性评价工具，对中小学团体心理辅导进行多角度、多层次的评估。